《读醉·宁夏酒庄指南》编委会

主　　编　伊国涛

副 主 编　马　娟　李　青　王子毓

编　　委　王婧雅　王　莹　范锐锐　朱桂林　袁培竣　王建平　李如意
　　　　　　李文超　娄少华　章　冉　李媛媛　李　强　苏　丽　李瑞鹏

插图绘制　王立夫

图片摄影　陶萌萌　陈　燕　马廷贵

序 言

葡萄藤说

郝林海
宁夏贺兰山东麓葡萄与葡萄酒联合会 主席
国际葡萄与葡萄酒组织（OIV）杰出贡献奖（MERIT AWARD）获得者

Ladies and Gentlemen
葡萄藤说

当蔓芽在砾土中萌动
一杯葡萄酒就开始酝酿
它伸伸懒腰
等待果农掀开它的棉被
冬眠醒来

我知道
你想喝一杯葡萄酒
你犹豫
面前摆着三瓶葡萄酒
一瓶气势规模宏大，工厂制造，哈哈……
一瓶浑身洋文字码，据说名庄进口，嘿嘿？
一瓶源自中国酒庄，从葡萄藤上摘下，噢！

当枝叶与阳光风雨缠绵
一杯葡萄酒就开始酝酿
厮磨每夜每天
孕育单宁酚类糖与酸
储蓄积攒

我知道
你想喝一杯葡萄酒
你纠结
有人给它披上奢侈的外衣
它当然奢侈
风霜雨露打磨的金贵
春夏秋冬滋润的儒雅

当果实被风土包裹
一杯葡萄酒就开始酝酿
山川田地土壤
种出香气结出平衡长出味道
丰腴又骨感

我知道
你想喝一杯葡萄酒
你困惑
赤霞珠黑比诺西拉马尔贝克
葡萄酒没有国际标准口味
喜欢的就是最好的
道理如此简单

当窖醇弥漫暗香
我斟一樽美酒与你对望
你喝得快我酿得慢
你变得快我长得慢
葡萄藤说

我知道
你想喝一杯葡萄酒
我当然知道
你想喝一杯好葡萄酒

Ladies and Gentlemen
葡萄藤说

趁我微醺的时候
先告诉你一个秘密
懂得了我就懂得了葡萄酒
因为葡萄酒是种出来的
喜欢你自己就喜欢葡萄酒
因为你优雅你复杂你挑剔你个性

目 录
Contents

山河之廊
The Gallery of Mountains and Rivers

宁夏贺兰山东麓葡萄酒产区地理位置
Geographical Location of the Ningxia Helan Mountain's East Foothill Wine Region
003

宁夏贺兰山东麓葡萄酒产区地形地貌
Topography of the Ningxia Helan Mountain's East Foothill Wine Region
004

宁夏美酒长廊
Ningxia Wine Region Promenade
006

宁夏贺兰山东麓葡萄酒产区历史
History of the Ningxia Helan Mountain's East Foothill Wine Region
008

风土之道
The Philosophy of Terroir

宁夏贺兰山东麓葡萄酒产区气候
Climate of the Ningxia Helan Mountain's East Foothill Wine Region
012

宁夏贺兰山东麓葡萄酒产区土壤
Soil in the Ningxia Helan Mountain's East Foothill Wine Region
014

宁夏贺兰山东麓葡萄酒产区酿酒葡萄
Wine Grapes in Ningxia Helan Mountain's East Foothill Wine Region
016

葡萄园的四季
Four Seasons of Vineyard
020

宁夏贺兰山东麓列级酒庄制度
Ningxia Helan Mountain's East Foothill Wine Region Winery Classification System
026

酿酒之所
Wineries

读醉宁夏
DUZUI Ningxia

人文之情
Community Culture

酒庄功能分布
Distribution of Winery Functions

030

葡萄酒生产工艺
Wine Making Processes

032

葡萄酒的陈酿
Cellaring and Aging of Wine

038

银川
Yinchuan

043

永宁
Yongning

101

贺兰
Helan

139

青铜峡
Qingtongxia

173

红寺堡
Hongsipu

209

石嘴山和中卫
Shizuishan & Zhongwei

247

宁夏美食
Ningxia Cuisines

260

美酒之旅
Wine Tours

268

致敬
Salute

274

附录
Appendixes

276

后记
Postscript

296

酒庄览胜

银川 043
Yinchuan

贺兰晴雪酒庄 Helan Qingxue Vineyard	044
志辉源石酒庄 Yuanshi Vineyard	046
留世酒庄 Legacy Peak Estate	048
利思酒庄 LISI ESTATE	050
蓝赛酒庄 Chateau Lansai	052
和誉酒庄 Heyu Estate	054
迦南美地酒庄 Kanaan Winery	056
美贺庄园 Chateau Mihope	058
宁夏张裕龙谕酒庄 Longyu Estate	060
源点酒庄 The Starting Point Winery	062
兰一酒庄 Chateau Lanny	064
蒲尚酒庄 Domaine Pushang	066
名麓酒庄 Domaine Monluxe	068
欣恒酒庄 Xinheng Winery	070
新牛酒庄 Xinniu Winery	072
海香苑酒庄 Sea Rhyme	074
君祥酒庄 Villa Joie Chateau	076
宝实酒庄 Chateau Baoshi	078
开福酒庄 Chateau Xixia Kaifu	080
金弗兰酒庄 Jinfulan Winery	082
贺兰亭酒庄 Helanting Winery	084
九月兰山酒庄 Chateau September	086
东麓缘酒庄 Chateau Dongluyuan	088
贺兰珍堡酒庄 Chateau Helan Zhenbao	090
米擒酒庄 Chateau Miqin	092
兰贝酒庄 Lanbei Winery	094
铖铖酒庄 Chateau Chengcheng	096
博纳佰馥酒庄 Domaine Des Arômes	098

永宁 101
Yongning

宁夏农垦国宾酒庄 Chateau Ambassador of Ning Xia State Farm	102
宁夏农垦玉泉国际葡萄酒庄 Chateau Yuquan of Ning Xia State Farm	104
鹤泉酒庄 Chateau Hequan	106
长和翡翠酒庄 Copower Jade Wines Limited	108
夏桐酒庄 DOMAINE CHANDON (NINGXIA) MOËT HENNESSY CO., LTD	110
保乐力加贺兰山酒庄 Pernod Ricard (Ning Xia) Winemakers	112
巴格斯酒庄 Chateau Bacchus	114
新慧彬酒庄 Xinhuibin Winery	116
贺兰神国际酒庄 Chateau Ho-Lan Soul International	118
立兰酒庄 Lilan Winery	120
长城天赋酒庄 Chateau Greatwall Terroir	122
百事活法塞特庄园 BAASWOOD FARSIGHT VINEYARD	124
类人首酒庄 Leirenshou Winery	126
阳阳国际酒庄 Yangyang International Winery	128
兰轩酒庄 Domaine Lanxuan	130
郭公庄园 Guo Wine Manor	132
兰山骄子酒庄 L.S.Jiaozi Vineyard	134
贺兰红酒庄 Helanhong Winery	136

贺兰 139
Helan

仁益源酒庄 Renyiyuan Winery	140
虎薇酒庄 Chateau Tigerose	142
德沃酒庄 Ningxia Devo Winery Co., Ltd.	144
嘉地酒园 Jade Vineyard	146
原歌酒庄 Chateau Yuange	148
夏木酒庄 Domaine Charme	150
海悦仁和酒庄 Mountain Wave Vinery	152
耘岭酒庄 Chateau Yunling	154
银色高地酒庄 Silver Heights Vineyard	156

旭域金山酒庄 Château Soleil du Mont	158	
亦浓酒庄 Yinong Winery	160	
沃尔丰酒庄 Woerfeng Estate	162	
贺金樽酒庄 Hejinzun Winery	164	
麓哲菲酒庄 Luzhefei Winery	166	
圆润酒庄 Yuanrun Winery	168	
金元酒庄 Jinyuan Winery	170	

● **青铜峡 173**
Qingtongxia

西鸽酒庄 XIGE ESTATE	174
华昊酒庄 Chateau Huahao	176
望月石酒庄 Stone & Moon Winery	178
维加妮酒庄 Chateau Vegani	180
密登堡酒庄 Chateau Modern	182
联合农科丹麓酒庄 United Winery	184
贺兰芳华酒庄 HolyFun Vineyard	186
皇蔻酒庄 Huangkou Winery	188
容园美酒庄 Rongyuanmei Winery	190
古城人家酒庄 Ancient City Chateau	192
雅岱酒庄 Yadai Estate	194
金沙湾酒庄 Jinshawan Winery	196

御马酒庄 Imperial Horse Winery	198
马兰花酒庄 NINGXIA MALANHUA ESTATE	200
怡园酒庄 Grace Vineyard	202
禹皇酒庄 Chateau Yuhuang	204
甘麓酒庄 Sweet Dew Vineyard	206

● **红寺堡 209**
Hongsipu

汇达酒庄 Chateau Huida	210
凯仕丽酒庄 Castaly	212
东方裕兴酒庄 D.F. Yuxing Winery	214
红寺堡酒庄 Hongsibao Winery	216
江源酒庄 Chateau J. L jiangyuan	218
龙驿酒庄 Chateau Longyi	220
罗山酒庄 Chateau Luoshan	222
红粉佳荣酒庄 Pink Carrin Winery	224
卓德酒庄 Chateau Dryad	226
明雨酒庄 Mingyu Winery	228
诗裕酒庄 Chateau Shiyu	230
中贺酒庄 Zhonghe Winery	232
兴宇酒庄 Xingyu Winery	234
罗兰马歌酒庄 Roland Margo	236

康龙酒庄 Kang Long Winery	238
昱豪酒庄 Fort KAMAN	240
鹏胜臻麓酒庄 Pengsheng Winery	242
红丰酒庄 Hongfeng Winery	244

● **石嘴山和中卫 247**
Shizuishan & Zhongwei

贺东庄园 Chateau Hedong	248
玖禧酩庄 Jiuxi Winemakers	250
西御王泉酒庄 Chateau Western Spring	252
宁夏红沙坡头酒庄 Domaine Shapotou	254
漠贝酒庄 Chateau Mobei	256

山河之廊

"每品尝一口葡萄酒,就仿佛在品味人类历史长河里的一滴甘泉。"
——[美]克利夫顿·法第曼

"To take wine into our mouths is to savor a droplet of the river of human history."
——*Clifton Fadiman*

The Gallery of Mountains and Rivers

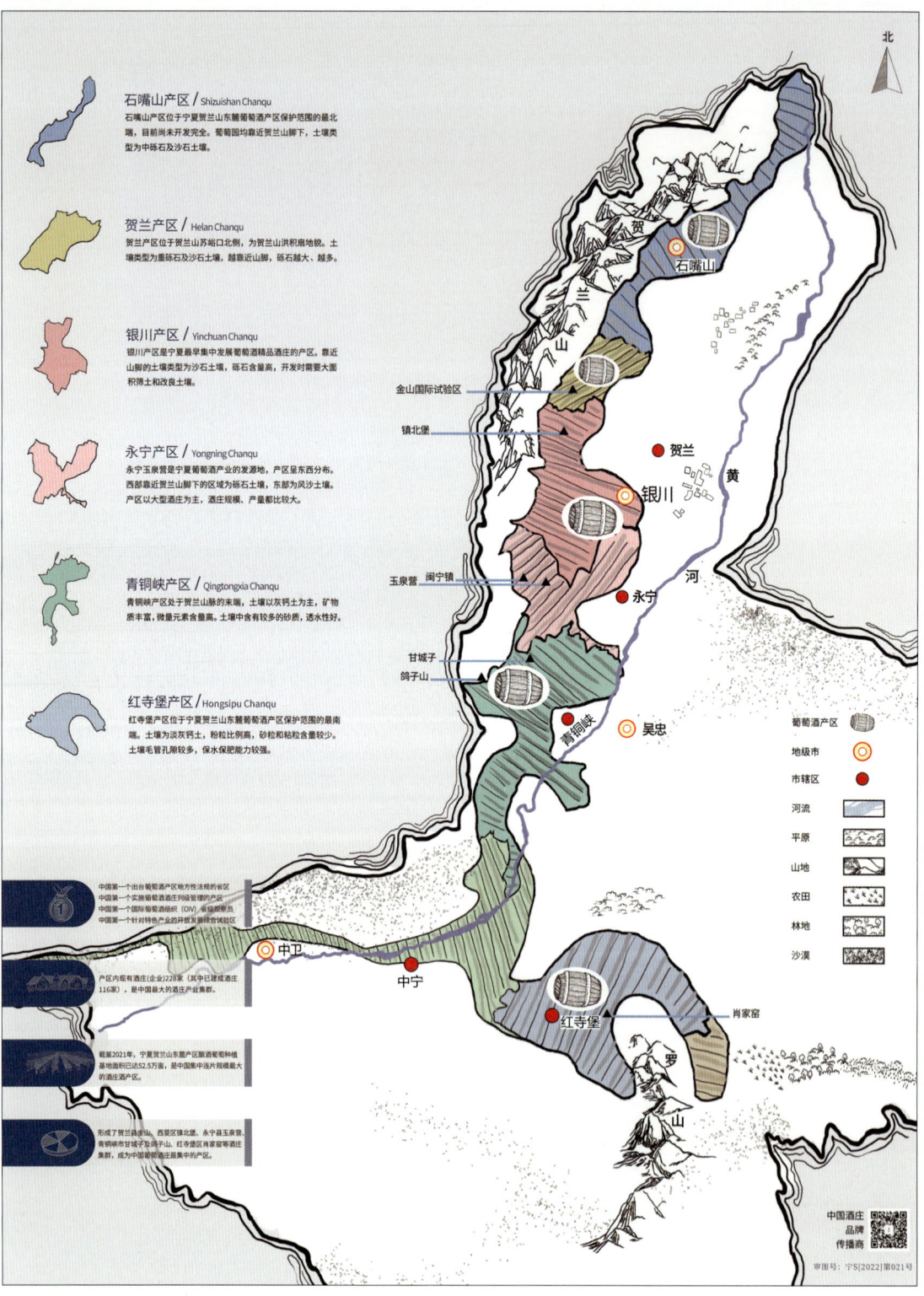

宁夏贺兰山东麓葡萄酒产区地理位置
Geographical Location of the Ningxia Helan Mountain's East Foothill Wine Region

既见大漠连天，亦识塞上江南

宁夏回族自治区位于中国的西北内陆，东邻陕西，南接甘肃，西部及北部与内蒙古相连，疆域轮廓南北长、东西狭，呈十字形，处于黄河中游上段地区，总面积6.64万平方千米。

如果我们将中国地图沿着最东和最西端对折出一条中线，它一定纵贯宁夏；如果将中国地图沿着最北和最南端对折出一条中线，它也一定横穿宁夏。沿着中国这只奔跑的雄鸡的轮廓勾勒一个三角形，将三边的中点与对角相连，宁夏正好位于连线的交会处！

宁夏贺兰山东麓葡萄酒产区位于东经105°45′~106°47′，北纬37°43′~39°23′，西靠贺兰山，东临黄河。山河相拥，形成一条南北走向的山河之廊。

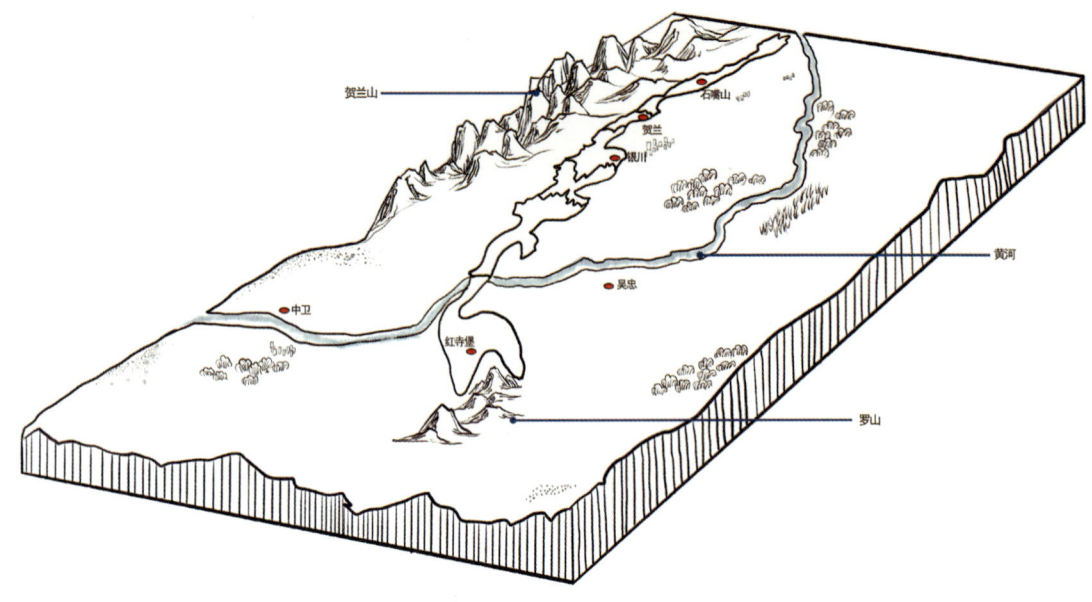

宁夏贺兰山东麓葡萄酒产区地形地貌
Topography of the Ningxia Helan Mountain's
East Foothill Wine Region

宁夏是中华民族远古文明发祥地之一,在宁夏版图上,包含了类型多样的地貌:山脉、高原、平原、丘陵、河谷……使宁夏呈现出丰富的自然景观。厚重悠远的历史印迹和文化包容的城市形象共同汇聚成沃野千里、风光独好的"塞上江南"。

从地貌类型看,宁夏贺兰山东麓产区以干旱剥蚀、风蚀地貌为主,呈明显的东西分异。在数百万年的地质变化中,地块因受挤压发生断裂和拉张,银川盆地凹陷,贺兰山地和鄂尔多斯高原相对隆起,致使贺兰山与银川平原的高差达到2400余米。

黄河带来的泥沙经过千万个世纪的沉积,同时靠近贺兰山迎风坡一侧,因暴雨而形成的洪水不断携带着砾石冲向低地,洪水和黄河水共同的冲积(洪积)作用形成了南北长约320千米、东西宽10千米~50千米、总面积达1万平方千米的银川平原。

朔方之保障，沙漠之咽喉
——贺兰山

贺兰山绵亘于宁夏的西北部，南北长200余千米，东西宽15千米～60千米，山势雄伟，若群马奔腾，山地海拔多在1600～3000米，主峰高达3556米。贺兰山作为我国一条十分重要的自然地理分界线，是我国季风与非季风气候区、荒漠与荒漠草原、外流与内陆水域的分水岭，也是纯牧区和半农半牧区的分界线。

巍峨雄伟的贺兰山削弱了西北寒风的侵袭，有效增加了产区的积温，降低了霜冻对葡萄造成的危害，又阻挡了腾格里沙漠流沙的东移，是这片土地的天然屏障。贺兰山东麓形成的农耕文化和西麓的草原文化在宁夏这片神奇的土地上碰撞、交流与融合，如今葡萄酒又为这里增添了一抹绚丽的色彩。

天下黄河富宁夏
——黄河

宁夏位于黄河中段上游地区，大河延绵，灌渠纵横。黄河自中卫黑山峡奔流而来，河势向东北顺地势经石嘴山出境，流经397千米，滋润着沃野千里的宁夏平原，成为宁夏贺兰山东麓酿酒葡萄的主要灌溉来源。

宁夏平原南高北低，从西南向东北逐渐倾斜，土层深厚，坡降相宜，地势平坦，平均海拔在1100～1200米。宁夏贺兰山东麓葡萄酒产区大部分属于宁夏北部引黄灌区。自秦汉以来，这里修渠垦田，发展灌溉农业，阡陌相连，风景独好，颇似江南风光，所以被称为"塞上江南"。

宁夏美酒长廊
Ningxia Wine Region Promenade

宁夏贺兰山东麓葡萄酒产区

宁夏贺兰山东麓葡萄酒产区是业界公认的世界上最适合种植酿酒葡萄和生产高品质葡萄酒的黄金地带之一。2003年被确定为国家地理标志产品保护区（总面积20万公顷，共涉及12个市、县〔区〕）。截至2022年底，宁夏酿酒葡萄种植面积58.3万亩（1亩≈666.67平方米），是中国最大的酿酒葡萄集中连片产区，现有酒庄和种植企业实体228家（其中已建成酒庄116家），年产葡萄酒1.38亿瓶。

宁夏贺兰山东麓产区是国内各大葡萄酒产区中政策制度最完善的产区，因此获得了众多投资者的青睐。2020年10月22日，第九届宁夏贺兰山东麓国际葡萄酒博览会上，宁夏贺兰山东麓葡萄酒产区入选"世界十大最具潜力葡萄酒旅游产区"，也是中国唯一入选的产区。2023年"贺兰山东麓葡萄酒"品牌价值320.22亿元，位列全国100个地理标志产品区域品牌榜第8位。2021年5月，经国务院同意，农业农村部、工业和信息化部、宁夏回族自治区人民政府联合印发了《宁夏国家葡萄及葡萄酒产业开放发展综合试验区建设总体方案》，宁夏成为全国首个特色产业开放发展综合试验区，宁夏葡萄酒产业进入国家战略。7月10日，宁夏国家葡萄及葡萄酒产业开放发展综合试验区挂牌仪式在银川市永宁县闽宁镇举行。

葡萄酒已成为宁夏耀眼的"新兴地标"和"紫色名片"，葡萄酒产业已成为宁夏扩大开放、调整结构、转型发展、促农增收的重要产业。

地理标志保护产品

"地理标志保护产品"原称为"原产地域保护产品"，是指利用产自特定区域的原材料，按照特定工艺在特定区域内所生产的产品。这类产品的质量、特色或声誉取决于其原产地域特征，并且产品以原产地域名称命名。2005年，"原产地域保护产品"改名为"地理标志保护产品"。

宁夏贺兰山东麓葡萄酒产区历史
History of the Ningxia Helan Mountain's East Foothill Wine Region

- **千年前**

  据《史记·大宛列传》记载，西汉建元三年（公元前138年）张骞奉汉武帝之命出使西域，看到"宛左右以蒲陶为酒，富人藏酒至万馀石，久者数十岁不败"。随后，"汉使取其实来，于是天子始种苜蓿、蒲陶……"可知西汉中期，中原地区的农民已得知葡萄可以酿酒，并将欧亚种葡萄引进中原。宁夏地区有文字记载的种植葡萄并酿酒的证明是唐代僧人贯休的诗句，他在描写塞上生活的诗作中明确提到了葡萄和葡萄酒，如"赤落蒲桃叶，香微甘草花""蒲萄酒白雕腊红，苜蓿根甜沙鼠出。"可见至少在一千多年前，宁夏地区就已经有种植葡萄和酿造葡萄酒的历史了。

  千年前的诗句让时空流转，诉说着宁夏葡萄种植的悠久历史，而宁夏葡萄种植和葡萄酒酿造成为一个产业却是起步于20世纪80年代。在近40年的发展历程中，发生了许多值得铭记的事件，它们都在不同的程度上推动了整个产区的进步和壮大。如今，贺兰山东麓葡萄酒已经成为世界葡萄酒版图中不可忽视的力量。

- **1982年**

  宁夏农垦玉泉营农场开始规模化种植葡萄。

- **1984年**

  1984年5月宁夏农垦玉泉葡萄酒厂开工建设，宁夏第一个葡萄酒厂成立，这是宁夏葡萄酒产业的开始。

- **1997年**

  由宁夏回族自治区政府和西北农业大学共同主办的全国葡萄协会"第四次全国葡萄科学讨论会"在银川召开，国内外专家云集，总结提出："毫无疑问，它是我国生产优质葡萄和葡萄酒的最佳生态区之一"。这为宁夏大规模发展葡萄酒产业提供了科学理论依据。

  宁夏回族自治区葡萄酒产业规划出台。原农业部批准引进法国30万株葡萄苗木，自治区农垦局引进80万株纯种繁育种苗，为酿酒葡萄基地建设打下坚实基础。

- **1998年**

  《宁夏1998—2002年农业产区化发展规划纲要》将葡萄酒作为六大产业之一重点支持，提出建设4万亩优质酿酒葡萄基地。

- **2002年**

  全国首家省级葡萄酒协会"宁夏葡萄产业协会"在宁夏银川成立。

- **2003年**

  中国国家质量监督检验检疫总局正式批准对贺兰山东麓葡萄酒实施原产地域保护。贺兰山东麓成为中国第一批获得"原产地域保护产品"（2005年改名为"地理标志保护产品"）的三个葡萄酒产区之一。

- **2011年**

  贺兰晴雪酒庄"加贝兰2009特别珍藏"获得品醇客世界葡萄酒大赛（Decanter World Wine Awards）最高奖项——国际大奖，开启宁夏葡萄酒走向世界的征程。

  《中国（宁夏）贺兰山东麓葡萄产业及文化长廊发展总体规划》审议通过，规划出贺兰山东麓发展百万亩葡萄文化长廊的蓝图，制定了"一廊、一心、三城、五群、十镇、百庄"的发展规划。

- **2012年**

  宁夏被国际葡萄与葡萄酒组织（OIV）吸收为中国第一个省级政府观察员。

  中国第一个葡萄产区地方性法规《宁夏贺兰山东麓葡萄酒产区保护条例》颁布。

  宁夏回族自治区成立全国第一个省级葡萄产业发展管理机构——自治区葡萄花卉产业发展局。

  8月30日，首届贺兰山东麓葡萄酒节在银川开幕。

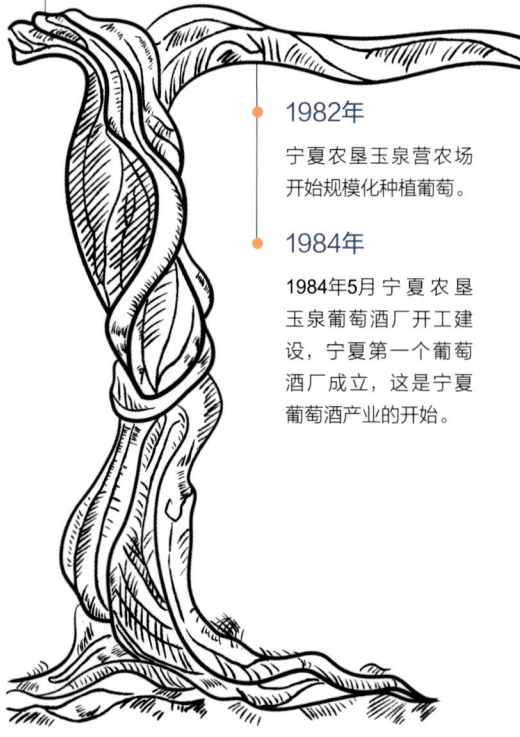

2013年

5月10日，宁夏大学葡萄酒学院成立，成为中国第一所建在葡萄酒产区的葡萄酒学院。

《宁夏贺兰山东麓葡萄酒产区列级酒庄评定管理暂行办法》发布实施，贺兰山东麓进入酒庄列级管理时代。

同年推出贺兰山东麓葡萄酒节、国际葡萄与葡萄酒组织（OIV）学术会议、中法葡萄酒设备技术展览会、世界酿酒师贺兰山东麓邀请赛。

宁夏贺兰山东麓葡萄与葡萄酒国际联合会正式成立。2019年正式更名为"宁夏贺兰山东麓葡萄与葡萄酒联合会"。

宁夏产区被编入英国休·约翰逊（Hugh Johnson）和杰西斯·罗宾逊（Jancis Robinson）合著的《世界葡萄酒地图（第七版）》。

美国《纽约时报》评选出2013年全球"必去"的46个最佳旅游地，宁夏的入选理由是："在宁夏可以酿造出中国最好的葡萄酒"。

2015年

宁夏贺兰山东麓葡萄产业园区管理委员会（宁夏回族自治区葡萄产业发展局）正式成立。

4月8日，举办贺兰山东麓首届葡萄春耕展藤节。

宁夏产区被世界葡萄酒大师丽兹·塔驰（Liz Thach）编入《全球葡萄酒旅游最佳应用》(*Best Practices in Global Wine Tourism: 15 Cases Studies from Around the World*）一书中。

2016年

7月，习近平总书记视察宁夏时指出：中国葡萄酒市场潜力巨大，贺兰山东麓酿造葡萄品质优良，宁夏葡萄酒很有市场潜力，综合开发酿酒葡萄产业，路子是对的，要坚持走下去。

2018年

4月9日，宁夏推出中国第一套产区葡萄酒推广教程，《宁夏贺兰山东麓产区葡萄酒初阶教程》和《宁夏贺兰山东麓产区葡萄酒初阶讲师教程》。5月9日，在宁夏贺兰山东麓产区葡萄酒教育推广首期培训班上，27名专业讲师获得由宁夏回族自治区葡萄产业发展局颁发的产区讲师授权证书。

《读醉·宁夏酒庄指南（2018—2019）》出版，详尽介绍和收录宁夏贺兰山东麓葡萄酒产区和酒庄。

2020年

6月9日，习近平总书记到宁夏视察时指出：随着人们生活水平不断提高，葡萄酒产业大有前景。宁夏葡萄酒产业是我国葡萄酒产业发展的一个缩影，了解了宁夏的葡萄酒产业也就了解了中国的葡萄酒产业；宁夏要把发展葡萄酒产业同加强黄河滩区治理、加强生态恢复结合起来，提高技术水平，增加文化内涵，加强宣传推介，打造自己的知名品牌，提高附加值和综合效益；假以时日，可能10年、20年后，中国葡萄酒"当惊世界殊"。

2021年

国务院批准了《宁夏国家葡萄及葡萄酒产业开放发展综合试验区建设总体方案》，由农业农村部、工业和信息化部、宁夏回族自治区人民政府共同印发。这是我国首个特色产业开放发展综合试验区，也是国务院批准设立的全国第二个、西部第一个国家级农业类开放试验区。7月10日，宁夏国家葡萄及葡萄酒产业开放发展综合试验区正式挂牌成立。

9月25—27日，首届中国（宁夏）国际葡萄酒文化旅游博览会在宁夏成功举办。在博览会举办期间，公布了宁夏贺兰山东麓产区第五次列级酒庄评定结果。至此，宁夏贺兰山东麓列级酒庄已达57家。

2022年

5月21日，贺兰山东麓葡萄酒年代珍藏酒标艺术展在贺兰山美术馆正式开展。来自宁夏70家葡萄酒庄的300帧酒标首次集结亮相，是国内第一次以年代、产区、酒庄为主题的葡萄酒标艺术展，也是国内规模最大的一次葡萄酒标展览。

9月6日，由贺兰山东麓葡萄产业园区管理委员会、贺兰山东麓葡萄与葡萄酒联合会等单位共同主办的酒庄葡萄酒收藏暨水彩画展在银川拉开帷幕，集中展出中国酒庄酒及世界知名产区代表酒款300余款，郝林海主席多年来创作的大量以宁夏风土为素材的水彩画作品80幅，挖掘贺兰山东麓产区风土与文化特色。

2023年

6月9—10日，国际葡萄与葡萄酒产业大会、第三届中国（宁夏）国际葡萄酒文化旅游博览会在宁夏银川举办。全球主要葡萄与葡萄酒国家的政界、商界、学界高级别代表首次齐聚中国，围绕经贸投资、技术合作、人文交流与政策沟通，共话产业振兴新格局，共享国际合作新机遇，共同推动实现联合国2030年可持续发展议程。同期举办的中国（宁夏）国际葡萄酒文化旅游博览会由农业农村部、文化和旅游部、中国人民对外友好协会、宁夏回族自治区人民政府共同主办，已成功举办两届，是中国首个以葡萄酒为主题的国家级、国际化综合性展会，也是宁夏规格最高、规模最大、影响最广的葡萄酒文旅展会品牌。

风土之道

"风土"是什么
风土是阳光，是砾石，是山川，是河流；
风土是果农骂你的粗话，是酿酒师的高兴与不高兴；
风土就是贺兰山，就是黄河水；
风土就是冬天用黄土埋藤，春天借轻风展藤；
风土就是祈盼的降雨，就是早来的晚霜；
风土就是根瘤蚜，就是霜霉菌……
风土就是你吃了一碗羊杂碎后唱的那枝"花儿"。
——郝林海 2015年12月12日（于风土复兴国际葡萄酒文化研讨会）

吟唱一曲风土，舞起一支四季耕耘的醇香。"风土"一词自古有之，《国语·周语上》："是日也，瞽帅、音官以（省）风土。廪于籍东南，钟而藏之，而时布之于农。"韦昭解释"风土，以音律省风土，风气和则土气养也。"在这里，"风土"指的是一方的气候和土地。

在葡萄酒的世界中，"风土"（即法文的"Terroir"）指葡萄所生长的土壤、气候条件，以及能够反映这种自然条件的葡萄品种和相应的耕作方式、酿造技术。这些复杂的因素结合在一起，形成了某个产区对于"风土"特征的完整表达。宁夏贺兰山东麓得益于天赋异禀的风土条件，在这里产出的葡萄香气浓郁、颜色深重、含糖量高、酸度适中，酿造出来的葡萄酒带有复杂丰富的香气，酒体饱满，具有鲜明的产区特色。

The Philosophy of Terroir

宁夏贺兰山东麓葡萄酒产区气候
Climate of the Ningxia Helan Mountain's East Foothill Wine Region

宁夏位于中国西北内陆高原干旱半干旱地区，属于典型的温带大陆性气候。冬寒长、夏热短、春暖快、秋凉早，四季分明，是宁夏气候的基本特点。因为受到纬度和地势高低的影响，宁夏全区气候的最大差异是"南寒北暖，南湿北干"，而位于宁夏西北的贺兰山东麓葡萄酒产区正是以干热为主，全年温度相差较大，冬半年盛行偏北风，是蒙古高压的前沿地带，气流干冷；夏半年日照充足，热量丰富，昼夜温差大，全年干旱少雨，使葡萄免于病害滋生，又得黄河灌溉便利，非常适宜酿酒葡萄生长。

气温 / Temperature

宁夏年平均气温分布自南向北递增，产区的葡萄生长季节有效积温（≥10℃）在1450~1850℃·天。在葡萄转色期的8月，产区日平均气温在20℃以上。7~10月果实发育后期昼夜温差大（11~15℃），有利于葡萄糖分、香气与酚类物质的积累。

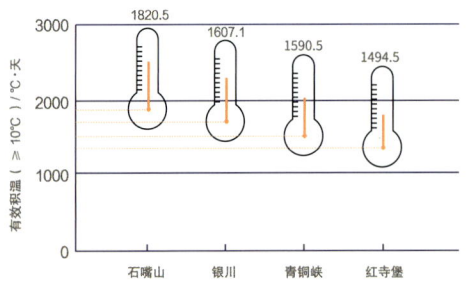

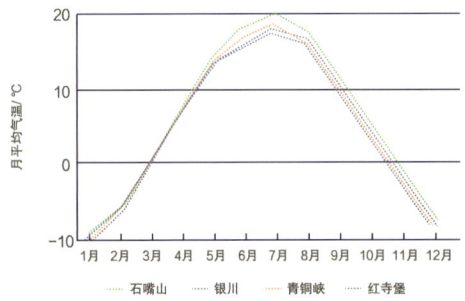

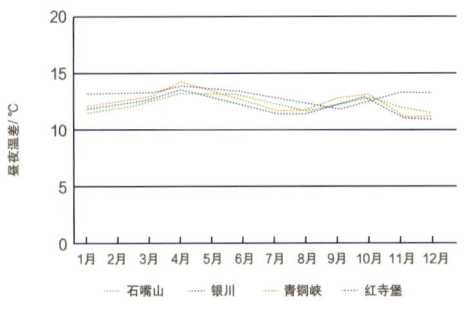

数据由宁夏葡萄气象研究团队带头人张晓煜研究员提供。

● 降水 / Precipitation

宁夏贺兰山东麓产区总体来讲干旱少雨，石嘴山、银川的年降雨量均小于200毫米，有利于抑制病虫害发生。青铜峡、红寺堡的降雨量相比之下虽多一点，但因其区域平均海拔较高，蒸发量高，干旱加之风大，鲜有病虫害，有利于酿酒葡萄有机种植。

宁夏产区处于季风气候边缘，雨热同季，降雨量集中在夏季。八月后主要酿酒葡萄品种逐渐成熟。此时宁夏贺兰山东麓产区降水量急剧减少，葡萄园也减少灌溉以防稀释酿酒葡萄中的风味物质。葡萄成熟期的降雨量与葡萄的质量呈负相关，因而宁夏贺兰山东麓酿酒葡萄果实的风味浓郁紧致。

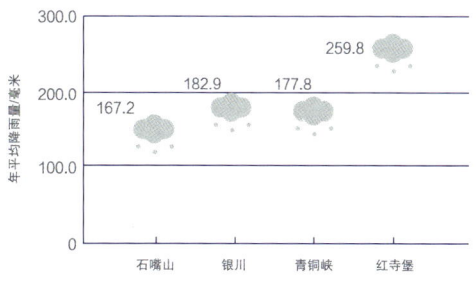

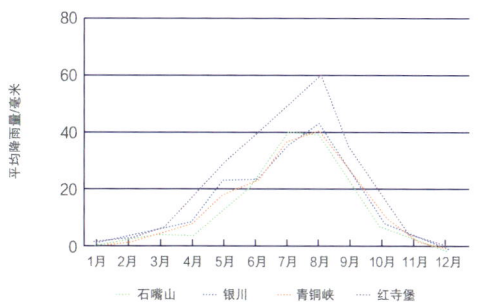

● 光照 / Sunshine

葡萄喜光，葡萄的生长主要依赖于叶片的光合作用。宁夏贺兰山东麓产区海拔1200米左右，太阳辐射强，全年日照时数长，葡萄树能够进行充分的光合作用。无霜期较长，酿酒葡萄具有足够的生长期，可以适应大部分酿酒葡萄品种的种植，让果实缓慢成熟，积累风味物质。

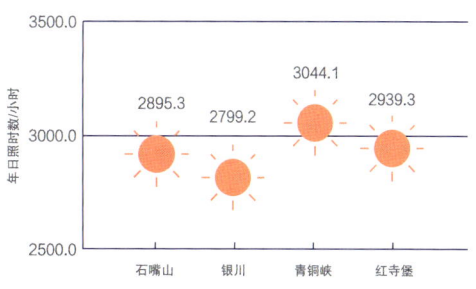

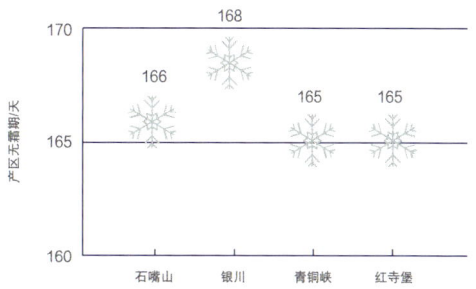

数据由宁夏葡萄气象研究团队带头人张晓煜研究员提供。

宁夏贺兰山东麓葡萄酒产区土壤
Soil in the Ningxia Helan Mountain's East Foothill Wine Region

《说文》曰:"土,地之吐生物者也。"意为万物生灵起源于土地。土壤的种类和特性极大地影响了土地上的植被,进而影响了生活在其上的其他生物,甚至人类的生产方式和文化形态。

宁夏贺兰山东麓葡萄酒产区的土壤主要为淡灰钙土、灰钙土、风沙土和灌淤土,并含有不同程度的砾石。土壤pH为7.8~8.8,偏碱性,贫瘠而干燥,有机质含量低。

贺兰山虽然阻挡了大部分来自西北荒漠的风沙,但是在较低矮的余脉或者山脉的缺口处,依然会有大风携带着砂粒翻过山丘。这些砂粒混在土壤中,增加了土壤的透水能力,让土壤经常保持干燥。这迫使葡萄树的根向下伸展去寻找水源,同时也吸收了土壤深处的矿物质元素,让葡萄酒的风味更加浓郁。

在靠近贺兰山的地方,土壤中会有更多石块。那是万亿年间,一次又一次的山洪带来的。洪水搬运石块的能力有限,距离越远,洪水的力量越弱,因此紧靠山脚下的石头比远处的石头要大得多。这些石头虽然给耕种带来了不便,但是好处也很明显,被阳光烤热的石块可以增加地面的温度,帮助葡萄积累更多糖分。

在宁夏的一些葡萄园里可以看到被挖掘过的土坑或者土壤的断层,可以很清晰地看到地表之下的构造。砾石和较细的砂土往往交替堆叠。大小不等的砾石会让人想起千百年前洪水发作时携带石块滚滚而来的场面。

淡灰钙土 / Light Sierozem

淡灰钙土是宁夏贺兰山东麓产区分布最广的土壤类型,颜色为灰白色,土层较厚,表层土沙化,次表层有坚硬的钙积层,底土为洪积砾石,质地较粗,通透性好,有机质和养分含量低。

淡灰钙土的主要分布区域是黄羊滩、玉泉营、莲湖、渠口农场、青铜峡市甘城子、鸽子山、广武地区以及吴忠市红寺堡区定武高速两侧。目前种植的葡萄主要为赤霞珠、蛇龙珠、美乐、霞多丽、贵人香、小味儿多等品种,栽培年限5~30年,产量一般在200~600千克/亩。

普通灰钙土 / Sierozem

普通灰钙土颜色为浅黄棕色,块状结构,土层深厚,次表层有钙积层发育,经灌溉后钙积层不明显,壤质,通透性好,有机质和养分含量低。

普通灰钙土的主要分布区域是宁夏中部干旱带的广大区域,葡萄种植区主要分布在红寺堡盐兴公路以南,罗山脚下大部分区域,以及中宁、中卫个别区域。目前种植的葡萄主要为赤霞珠、美乐等品种,栽培年限10年左右,产量一般在400~1000千克/亩。

风沙土 / Aeolian Sandy Soil

风沙土颜色为浅灰黄色,是由沙漠化产生的土壤类型,原始地貌多为半固定及流动沙丘,经过机械平整后,土层厚,质地多为砂质或壤质砂土,通透性好,有机质和养分含量低。在宁夏地区经过多年的引黄灌溉并施有机肥后,表土细颗粒逐步增加,保水性有所增强。

风沙土的主要分布区域是宁夏农垦玉泉营农场、黄羊滩周边、金沙林场以及中卫市沙坡头区腾格里沙漠边缘。目前种植的葡萄主要为赤霞珠、蛇龙珠、美乐、霞多丽、贵人香、威代尔等品种,栽培年限8年左右,产量一般在100~500千克/亩。

砾质灰钙土 / Gravel Sierozem

砾质灰钙土的有效土层薄,表土下有深厚的洪积砾石层,颗粒大小不等,越靠近山体砾石越大,通透性好,有机质和养分含量低。

砾质灰钙土的主要分布区域北起石嘴山市北武当庙,沿110国道向南途经金山林场、镇北堡葡萄小镇、银巴线两侧、闽宁镇以及青铜峡鸽子山等地。目前种植的葡萄主要为赤霞珠、蛇龙珠、美乐、贵人香、马瑟兰、小味儿多等品种,栽培年限10年左右,产量一般在200~800千克/亩。

灌淤土 / Anthropogenic-Alluvial Soil

灌淤土是一种经过千年以上的黄河水灌溉淤积形成的土壤类型,土层深厚,质地中壤,浅灰棕色,块状结构,保水保肥性与供水供肥性好,土壤肥力高。

灌淤土的主要分布区域在青铜峡市峡口、大坝、瞿靖等镇,南梁农场芦花台以及永宁县李俊镇等地。目前种植的葡萄主要为赤霞珠、美乐、霞多丽等品种,栽培年限10年以上,产量一般在1000~2000千克/亩。

灰漠土 / Gray Desert Soil

灰漠土在荒漠边缘黄土状母质上发育而成,呈浅灰色,地表有不规则裂纹,属干旱土壤,次表层含砾石,再往下有碳酸钙、石膏和盐分聚集。灰漠土在宁夏的主要分布区域是石嘴山大武口区和惠农区贺兰山沿山以东。目前种植的葡萄主要为赤霞珠、蛇龙珠、美乐、霞多丽、贵人香等品种,栽培年限10年以上,产量一般在300~700千克/亩。

灰漠土图片由贺东庄园提供,其余数据及图片由宁夏大学孙权教授和王锐教授提供。

宁夏贺兰山东麓葡萄酒产区酿酒葡萄
Wine Grapes in Ningxia Helan Mountain's East Foothill Wine Region

一个葡萄酒产区的风土特征往往是通过葡萄品种的适应性和葡萄酒的风味来表达的。不同的葡萄品种在不同的土壤和气候条件下有着千差万别的表现，从而构成了丰富多彩的葡萄酒世界。在消费者心目中，酿酒葡萄品种是购买葡萄酒时重要的参考指标，明确的品种信息可以让消费者降低选择成本，找到自己偏好的葡萄酒产品。因此，当一个新兴产区选择酿酒葡萄种类时，最先考虑的是消费者对于这个葡萄品种的认知度。宁夏贺兰山东麓产区也是如此，一些大家熟悉的国际酿酒葡萄品种在宁夏都有着广泛的种植。令人欣慰的是，这些品种大多有着相当出色的表现。

根据贺兰山东麓产区的气候条件和风土特征，人们从近百种葡萄中筛选出了赤霞珠、美乐等适合宁夏栽植的酿酒葡萄品种。2013~2014年，宁夏连续两年规模化从法国引进名优脱毒酿酒葡萄品种（品系）26个、苗木64.6万株、种条179.1万根，并据此初步建立了三级苗木繁育体系（母本园、采穗圃、育苗中心）。目前，已有21个品种27个品系的酿酒葡萄在产区种植，宁夏贺兰山东麓产区已成为中国最大的世界优质葡萄品种的资源集聚区。

● 白葡萄品种

霞多丽 / Chardonnay

世界上种植最广泛的白葡萄品种，可以适应不同的气候和土壤。在宁夏的种植面积约占白葡萄品种的70%以上。相对于其他的白葡萄品种，霞多丽更加抗后期灰霉病害，酿造的葡萄酒酒精度较高，香气浓郁，带有蜂蜜、蜜桃、芒果、菠萝等热带水果的气息，且回味悠长。可在橡木桶内发酵或陈酿，具有烘烤、香草、干果香气。

雷司令 / Riesling

原产于德国，在宁夏有少量种植。宁夏对于雷司令来讲属于较炎热产区，因此果实成熟度高，酿造的葡萄酒香气更加浓郁，呈现成熟水果的香气。酒体丰满，回味长。可以酿制干、半干等类型的白葡萄酒。

贵人香 / Italian Riesling

原产意大利，也被称为意大利雷司令、威尔士雷司令，在宁夏各个地方均有种植。贵人香皮薄，对后期灰霉病害较为敏感。酸度高，口感清新，同时具有浓郁的花香，常用来酿制风格优雅的干白和半干白葡萄酒。

威代尔 / Vidal Blanc

抗寒能力较强的品种，源自法国，但是在加拿大被广泛种植。主要用于生产冰葡萄酒，已成为加拿大的标志性葡萄品种，在宁夏有少量种植。威代尔抗霜霉病能力强，成熟期较晚，皮厚，果实不易皱缩，适合贵腐酒或冰酒的酿制。宁夏的威代尔葡萄酒既有干型，也有甜型。香气浓郁，呈蜂蜜、花果香，口感饱满圆润。

长相思 / Sauvignon Blanc

长相思是法国波尔多主要白葡萄品种之一，也是卢瓦尔河谷上游主要的白葡萄品种。近年来，在美国加利福尼亚和新西兰也逐渐流行起来，在宁夏有少量种植。在冷凉的气候条件下，长相思带有青草味。果穗适中，浆果小，对灰霉病和霜霉病有部分抗性。

维欧尼 / Viognier

在宁夏的种植面积很小。该品种授粉差，产量较低，适合中长梢修剪，喜欢排水良好的土壤。维欧尼浆果圆形、小，带有麝香味。相应地，酿造的葡萄酒成熟快。该品种也在部分地区表现出桃或李子的香气。

小芒森 / Petit Manseng

起源于法国西南部的比利牛斯大西洋省。小芒森葡萄成熟期晚，挂果时间长，是一种高糖、高酸的酿酒葡萄品种，是酿造天然甜酒的理想品种。小芒森果实的外皮很厚，抗灰霉病性和保鲜性很强，所以可以在葡萄树上保留相当长的一段时间，可以坚持到10月份"过熟"再采收。

● 红葡萄品种

赤霞珠 / Cabernet Sauvignon

源自法国波尔多的著名葡萄品种,由于其适应性强、耐瘠薄土壤和粗放管理,在世界各地都有广泛种植,宁夏也不例外,占到红色品种的70%以上。赤霞珠在宁夏产区有着出色的表现,尤其在富含砾石、排水良好的土壤上,酿出的葡萄酒呈深宝石红色,单宁厚重,酒体强劲,酒精度高,有着浓郁的花香和黑色水果的香味,余味悠长。

蛇龙珠 / Cabernet Gernischt

有人认为蛇龙珠是中国独有的品种,也有人认为它是法国波尔多的法定品种佳美娜,在宁夏有一定面积的种植。蛇龙珠属于晚熟品种,果粒较大。宁夏蛇龙珠葡萄酒的颜色较赤霞珠浅,单宁含量中等,且果香浓郁,带有典型的青椒味、青草味,沙地栽培的蛇龙珠会带有中药味。

美乐 / Merlot

原产于法国波尔多的中熟品种,在宁夏有一定面积的种植,近年来栽培面积逐年上升。美乐的品质与土壤密切相关,在以灰钙土为主的土壤中成熟度好,果香突出且优雅。美乐葡萄酒颜色较淡,酒体丰满,圆润柔和,适合与其他品种进行调配。

马瑟兰 / Marselan

由法国农业科学研究院用赤霞珠和歌海娜进行杂交选育而成。马瑟兰在宁夏有较好的适应性,表现为结果系数高、产量较高。宁夏的马瑟兰葡萄酒相当有表现力,颜色深重,香气浓郁,有荔枝、荔枝干、覆盆子、烤坚果和香草香气,单宁含量高,质感细腻,具有陈酿潜能。从目前的表现来看,马瑟兰是宁夏极具潜力的品种之一,种植面积近年来也在不断增长。

品丽珠 / Cabernet Franc

源于法国波尔多,在宁夏一些区域有少量种植,比赤霞珠略微早熟,果粒较大,糖高酸低,产量较低。宁夏的品丽珠葡萄酒颜色较浅,单宁柔顺,果香浓郁,具有红色水果的香气,成熟度较好,单品种酒酒精度较高,常与其他品种如赤霞珠调配。

黑比诺 / Pinot Noir

源自勃艮第的早熟葡萄品种,以独特优雅的香气、精致的单宁等特质闻名于世。该品种对土壤和气候极为挑剔,在宁夏只有少量种植。宁夏的黑比诺葡萄酒颜色鲜艳,呈宝石红色,香气浓郁,具有草莓、樱桃、紫罗兰香气和蔬菜香气,酸度较低。

西拉 / Syrah

澳大利亚和法国罗纳河谷重要的品种,在宁夏有少量种植。气候和土壤在很大程度上决定了西拉葡萄酒的风格和质量,在风沙土及排水良好土壤中适应性好。该品种葡萄酒在宁夏的表现为颜色较深,果香突出,具有香料、紫罗兰、橄榄的香气,口感丰满柔和,酒质细腻,风格和澳大利亚、罗纳河谷的都有所不同。

马尔贝克 / Malbec

原产于法国西南部,现在更广为人知的是作为阿根廷的标志性酿酒葡萄,在宁夏才开始试种,在富含砾石的贺兰山东麓缓坡地带表现为果穗较大、松散、成熟一致。由于它对生长环境非常敏感,成熟程度对最终的葡萄酒结构有相当大的影响。成熟的马尔贝克葡萄酒带有黑樱桃、李子、覆盆子和黑莓等香气,酸度中等,单宁中等强劲,酒体较饱满。橡木桶陈酿后的马尔贝克葡萄酒带有可可、咖啡、皮革、黑胡椒和烟草等风味,单宁细腻,酒体饱满。

(小)味儿多 / Petit Verdot / Verdot

原产于法国,比赤霞珠更加晚熟的品种。酿成的葡萄酒颜色深邃,酒体丰满强劲,适宜陈酿,有淡青草味,一般作为调配品种使用。

北玫、北红 / Beimei、Beihong

北玫和北红原产中国,都是中国科学院植物研究所培育的品种,具有中国野生山葡萄的基因,成熟较晚,具有很强的抗寒抗旱特性。在宁夏将北玫和北红混酿,葡萄酒的香气以红色水果和花香味为主,并带有一些野性气味,酸度高,单宁略粗糙。

葡萄园的四季
Four Seasons of Vineyard

《农政全书·农事·授时》云:"盖二十八宿周天之度,十二辰日月之会,二十四气之推移,七十二候之迁变,如环之循,如轮之转。农桑之节,以此占之。"

古人很早就懂得通过观察日月星辰的变化以及动植物的生长和生活规律来推演节气,从而指导农业生产。尤其在黄河流域,节气是十分重要的农业生产依据。葡萄树也会在不同的时节展现出不同的生长、发育情况,并呈现周期性变化。了解酿酒葡萄在宁夏的生长周期,并采取合理的管理方式,是做出高品质葡萄酒的前提条件。

● 葡萄树生长周期

(一)春发 / Spring

春天万物萌发,葡萄树也从沉睡中醒来。3月中下旬,春分时节,当地温上升到7~8℃时,葡萄的根系开始吸收水分,树液开始流动。此时若葡萄植株出现伤口,会流出树液,因此将这段时期称作"伤流期"。伤流会对葡萄树的萌芽和生长造成不利影响,所以此时应避免修剪和损伤枝条的操作。清明过后,随着萌芽期的接近,伤流期逐渐结束。

谷雨是春天的最后一个节气,悄然而至的雨水预示着夏天的临近。4月下旬是葡萄树萌芽并展叶的时期,这时候叶尖开始出现,芽内的花序原基继续分化,形成各级分枝和花蕾。新梢的叶腋处陆续形成腋芽。萌芽期虽然短,但是对水肥的需求很大,同时还要预防倒春寒对新芽的冻害。

(二)夏长 / Summer

夏天是植物快速生长的时期,立夏到小满之间(5月上旬到5月下旬),葡萄树的新梢长出,同时果穗出现并展开。随着气温升高,新梢的生长速度逐渐加快,在气温达到20℃左右时,进入生长高峰期,可以达到每天5cm的生长速度。新梢的腋芽也迅速长出副梢。此时如果营养条件良好,新梢生长健壮,将对当年果实的产量和品质以及次年的花序分化起到决定性作用。

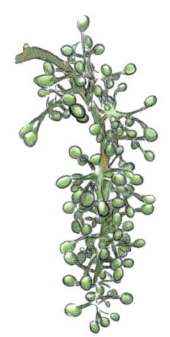

小满过后,新梢的生长速度逐渐减慢,因为葡萄树要将营养分配给花序,葡萄的开花期即将到来。在气温20~25℃的晴朗早晨,葡萄树开花最多。而当气温低于15℃,或连日阴雨,开花期将延迟。葡萄的花期一般为1~2周,一直持续到6月初的芒种时节。

繁花落尽,正是夏至时分,这一天太阳直射北回归线,北半球迎来了最长的白天。授粉成功的幼果开始膨大,种子开始发育。这个过程安静而漫长,将持续60~70天,最长的甚至可以达到100天。绿色的幼果里含有叶绿素,可以像叶片一样进行光合作用,当绿色褪去,葡萄果实开始变色的时候,就意味着秋熟的季节即将来临。

(三)秋收 / Autumn

8月中上旬,立秋过后,葡萄的果实不再继续增大,而是褪去了青绿色。红色葡萄品种的葡萄开始变红,白色葡萄品种则逐渐变得透明。葡萄将用40~60天的时间缓慢地成熟,等果实变软、有弹性,果肉变甜,种子逐渐变为深褐色,浆果就完全成熟了。晴朗的天气对葡萄的成熟十分重要,雨水会稀释葡萄的风味,也会带来霉烂的风险。从8月下旬处暑时分开始,酿酒葡萄陆续进入采收期。采收时间往往取决于酿酒师的个人风格,有些葡萄园会将采收时间推迟到10月底秋霜来临之前的几天。

(四)冬藏 / Winter

果实采收后,叶片光合作用仍在继续,果树体内的营养转向枝蔓和根部贮藏,新梢自下而上不断充实营养并且木质化,根系进入生长高峰期。随着气温降低,叶片光合作用逐渐减弱直到停止,最终脱落。这个过程在霜降之后开始,到立冬时,落叶期基本结束。

11月,落完叶片的葡萄树开始进入休眠期,整个树体活动微弱。由于宁夏的冬天寒冷而干燥,葡萄树需要进行埋土才能顺利越冬。工人会将枝条适当修剪,然后在地面冻结之前完成埋土工作。葡萄树将在地下休眠数月,等待下一个春天的来临。

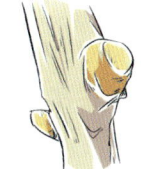

● 葡萄园的管理

（一）葡萄园定植及整形修剪 / Vineyard Planting and Pruning

农业是民生根本，国之大计，发展农业需要做长远规划。农作物种植也需要有规划，不能盲目发展，更不能"朝令夕改"，对于酿酒葡萄栽培来说更是如此。因为酿酒葡萄是多年生植物，一般三年的葡萄树所产出的果实才会开始用来酿酒，这就意味着改弦易辙将耗费大量经济成本和时间成本。

因此对于新建的葡萄园，首先需要根据土壤化验结果结合气候条件确定葡萄品种，接着是对道路、灌溉等配套设施进行规划，并确定资金预算。在葡萄定植时，应该根据园地的地形、土壤结构等条件确定架型、朝向和种植密度。由于在宁夏种植酿酒葡萄需要在冬季埋土，因此要留下足够宽的行距用于取土，宁夏葡萄园的平均行距都在3米左右。

宁夏贺兰山东麓产区最早广泛采用的树形为"直立龙干形"，即俗称的"独龙干"。这种树形容易获得高产，但是随着树龄增加，越来越粗的直立树干会给埋土带来不便。目前，宁夏产区的新建葡萄园大多采用"厂字形"整形方式，这种树形的主蔓和地面的倾角小于45°，更便于埋土。又因其结果枝蔓分布均匀、结果部位一致，使得葡萄浆果成熟度一致。同时还有便于采收、便于质量控制、便于机械化的特点，因此"厂字形"整形方式受到越来越广泛的推广和应用。

（二）埋土与展藤 / Vine Burial

埋土与展藤是宁夏种植酿酒葡萄的一大特色。由于宁夏受典型的大陆性气候影响，冬天寒冷而干燥，最低气温低于零下20℃，欧亚种葡萄越冬时在严寒和干旱的双重影响下容易遭遇"冻旱"而死亡。目前解决这一问题的最好办法就是将葡萄藤埋在土里越冬，来年春天再将葡萄藤上的覆土除去。这一工作在世界上其他国家的葡萄酒产区是不可想象的。

进入十一月，天气转冷，葡萄园里的工人需要在地面冻结之前结束埋土的工作。据测量，埋土厚度每增加10厘米，葡萄藤的最低温度可提高2℃。根据多年的实践经验，宁夏地区葡萄藤上埋土的厚度至少在30厘米。

时值四月，第一个节气就是清明，埋于土下的葡萄也即将从"冬眠"中醒过来。工人会去除压在葡萄藤上的土并将葡萄藤绑缚上架，这一过程称为"展藤"。由于此时有的藤条上的芽已经开始萌发，所以必须十分小心。葡藤伸展，生机复苏，酒庄一年的忙碌也就此开始。

（三）土壤及水肥管理 / Soil and Water Fertilizer Management

宁夏产区的土壤类型主要为灰钙土、淡灰钙土、风沙土和灌淤土，并含有不同程度的砾石，保水性差，同时蒸发量远远大于降雨量。这使得宁夏土地开发需要将灌溉条件作为首要因素来考虑。目前宁夏产区的大多数葡萄园采用滴灌或滴灌与沟灌相结合的灌溉方式，大大提高了水资源的利用率，并可以做到人为控制给水时间和给水量，从而达到科学合理的灌溉管理。

通常认为，保持土壤贫瘠的状态可以让葡萄树结出风味更浓郁的果实，因此国际上有的产区主张不施肥，而是用土壤自身的养分来栽培葡萄。但是这种方式对于宁夏的葡萄栽培却并不适用，因为宁夏产区的土壤过于贫瘠，以至于仅靠土壤自身的养分无法使葡萄正常生长。因此在葡萄园开垦的时候就需要施用底肥对土壤进行改良，在此后的种植过程中还要定期施用牛粪、羊粪和有机肥来增加土壤肥力。

宁夏产区土壤管理惯常采用的措施是清耕法，即将葡萄周围的杂草全部清除。这些杂草的种子是由风沙裹挟来或由牛羊粪里携带来的，它们生命力顽强，任由它们自由生长会抢占葡萄树的养分和水分从而影响葡萄的生长。近几年，也有部分种植者意识到葡萄园生草能改变葡萄园的微气候，增加土壤有机质，于是开始进行葡萄园生草和覆草的实验。

(四)病虫害及防治 / Disease and Pest Control

由于气候干旱,使得宁夏贺兰山东麓产区的葡萄病虫害较少,因此在科学合理的种植管理下可以不施用农药,这也为产区的葡萄园实行有机种植创造了可能。但因为宁夏产区大面积种植单一品种葡萄,也为寄生性病虫的繁殖和传播提供了条件。目前宁夏贺兰山东麓产区葡萄的主要病害是葡萄炭疽病、葡萄卷叶病、葡萄霜霉病、葡萄花叶病、葡萄灰霉病、葡萄根癌病、葡萄白粉病和葡萄白腐病,发病时间主要集中在6~9月。生理性病害在宁夏也经常出现,以日灼病、葡萄酸腐病、缺营养素导致的危害最为严重。5~9月是各类虫害的主要发生期,葡萄斑叶蝉、葡萄缺节瘿螨、西花蓟马等是较为常见的害虫,虫害对叶片、根部、果实乃至花、芽都有危害。

虽然病虫害每年都会对葡萄园造成威胁,但是宁夏政府推广的"预测预防""统防统治"工作有效地控制了病虫害的规模,降低了危害程度。在科学的管理方法和积极的预防措施下,病虫害将更加可控,对葡萄品质及产量的影响也会越来越小。

（五）采收 / Harvest

秋季是收获的季节。每年8月下旬到10月上旬，不同成熟期的葡萄品种依次成熟并进入采收期。在采收前的几周里，酿酒师会对葡萄的成熟情况进行跟踪检测，以确定最合适的采收时间。虽然含糖量是葡萄成熟的重要指标，但是大多数酿酒师更加注重的是酚类物质的成熟情况。他们通过感官分析对果实的颜色、硬度、糖、酸、单宁、香气等进行综合评价，力求使葡萄酒具有细致浓郁的风味和层次感。在宁夏贺兰山东麓产区，采摘全部是手工进行，虽然手工采摘费时费工，但是避免了葡萄在入罐前氧化，对于酿造优质葡萄酒是十分有利的。

宁夏贺兰山东麓列级酒庄制度
Ningxia Helan Mountain's East Foothill Wine Region Winery Classification System

宁夏贺兰山东麓葡萄酒产区是率先在中国实行列级酒庄管理制度的产区。列级酒庄分五级,一级为最高级别。每两年评定一次。采取从低到高逐级评定晋升的办法。酒庄需要在酒的品质、管理水平、接待能力等方面满足一定的条件才可以被评定为列级庄。

（《宁夏贺兰山东麓葡萄酒产区列级酒庄评定管理办法》,见附录）评定委员会成员由葡萄酒酿造专家、品鉴和评论专家、行业协会代表、消费者代表等相关人员组成,于评定工作开始前一个月公示评定委员会人员名单,评定采取现场踏勘、资料审核、酒样品鉴、检验等方式,委托质量技术监督部门和公证机构人员统一对酒庄酒进行抽样检验。

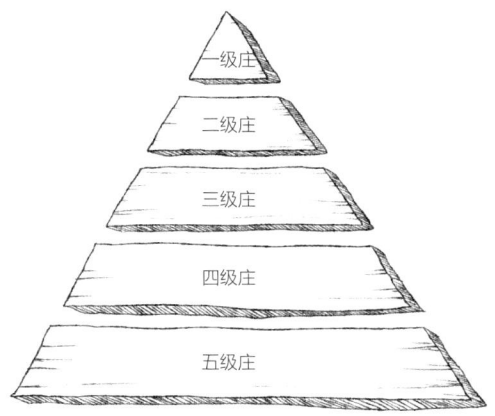

经过2013年、2015年、2017年、2019年、2021年五次评定晋升，截至2021年，宁夏贺兰山东麓产区列级酒庄评定结果最高等级为二级，贺兰山东麓列级酒庄总数为57家。名单如下：

宁夏贺兰山东麓二级列级酒庄9家
贺兰晴雪酒庄、志辉源石酒庄、巴格斯酒庄、宁夏农垦玉泉国际葡萄酒庄、贺东庄园、留世酒庄、利思酒庄、立兰酒庄、迦南美地酒庄

宁夏贺兰山东麓三级列级酒庄15家
铖铖酒庄、美贺庄园、保乐力加贺兰山酒庄、名麓酒庄、原歌酒庄、兰一酒庄、米擒酒庄、贺兰神酒庄、宝实酒庄、蒲尚酒庄、新牛酒庄、蓝赛酒庄、汇达酒庄、贺兰芳华酒庄、海香苑酒庄

宁夏贺兰山东麓四级列级酒庄18家
禹皇酒庄、法塞特酒庄、长城天赋酒庄、宁夏张裕龙谕酒庄、森淼兰月谷酒庄、御马酒庄、金沙湾酒庄、维加妮酒庄、西鸽酒庄、华昊酒庄、长和翡翠酒庄、沃尔丰酒庄、东方裕兴酒庄、红寺堡酒庄、和誉新秦中酒庄、罗山酒庄、阳阳国际酒庄、类人首酒庄

宁夏贺兰山东麓五级列级酒庄15家
龙驿酒庄、新慧彬酒庄、红粉佳荣酒庄、仁益源酒庄、嘉地酒园、容园美酒庄、夏木酒庄、皇蔻酒庄、莱恩堡酒庄、西御王泉酒庄、漠贝酒庄、罗兰马歌酒庄、鹤泉酒庄、凯仕丽酒庄、麓哲菲酒庄

酿酒之所

"如果我们喝点儿葡萄酒,我们就能从茫茫黑夜中看到梦想的星光。"
——[英]戴维·赫伯特·劳伦斯(英国小说家)

"If we sip the wine, we find dreams coming upon us out of the imminent night."
——D.H. Lawrence

Wineries

酒庄功能分布
Distribution of Winery Functions

酒庄酒 / Estate Wine

通常所说的"酒庄酒",顾名思义是指在酒庄酿造的葡萄酒。酒庄酒的核心条件是拥有自主的酿酒葡萄种植基地,且酿造和陈酿均在酒庄内进行。葡萄酒作为一个酒庄文化的载体,瓶内装着的不仅仅是反映这片土地的光照、热量、雨水和土壤的醇香,更是在讲述酒庄自己的酿酒哲学与人文情怀。

酒庄 / Estate

一个酒庄,用土地表述一种耕耘文化;用葡萄酒记录一种酿酒哲学;用空间来驻扎一群人的紫色梦想。酒庄不仅仅只是一个简单的建筑,它的核心在于服务葡萄酒生产,依据酿酒工艺流程进行空间规划设计。一个酒庄的基础布局包括前处理车间、发酵车间、酒窖、化验室及灌装车间,有些酒庄还会根据自身的旅游接待需求增加展示区、品鉴区、餐饮区等。

前处理车间 / Pre-treatment Workshop

成熟的葡萄采摘后会第一时间被运送至前处理车间,经过人工或机器分选,筛除不符合标准的葡萄,再经过除梗后输送至发酵车间进行酒精发酵。

前处理车间一般不会设计得太大,平时够摆放下相关的设备即可。当酿造季到来的时候,这些设备会依次排开,一直延伸到车间门外。运送葡萄的车辆和等待处理的葡萄都会在这里集结。因此对于大多数酒庄来说,车间外的空地才是真正的工作区域。

发酵车间 / Fermentation Workshop

发酵车间的基本功能是将葡萄转变为葡萄酒,这里最重要的设备是发酵罐。一个酒庄里会有许多个大小不等的发酵罐,酿酒师会将不同特质的葡萄原料放进不同的罐里发酵,通过调整浸渍时间、控制发酵温度、打循环、压酒帽等一系列操作酿造出不同特点的原酒。不同罐里的原酒最终会根据需要调配在一起,成为不同的产品系列。

酒窖 / Cellar

为了让葡萄酒在香气和口感上复杂丰富具有层次,需要对葡萄酒进行陈酿,因此酒窖必不可少。酒窖基本的条件是良好的通风、避光、无震动的环境,并常年保持恒温12~16℃,恒湿75%~85%,让所贮藏的葡萄酒可以充分酝酿和缓慢成熟。

大部分酒庄的酒窖设在地下,利用恒定的地温可以获得较为稳定的环境。也有一些现代化的酒庄将酒窖设在地面,利用制冷设备来调节温度。酒窖一般分为橡木桶陈酿区和瓶储区,码放整齐的橡木桶和酒瓶相当有观赏性,因此酒窖也是酒庄观光的必到之处。

化验室 / Laboratory

尽管酿酒师可以通过品尝来了解酒的状态,但是定量的检测依然有着不可替代的优势——精准。化验室的工作就是对生产过程和储存阶段的葡萄酒的品质进行监控。简单的检测每个酒庄都可以做,但是有些更专业的检测就需要到设备更完备的化验室去进行。

灌装车间 / Bottling Workshop

大多数酒庄都拥有自己的灌装线,这意味着无须拉着酒液东奔西跑,也避免了运输中的意外情况对酒质的影响。现代化的灌装线十分智能,洗瓶、灌装、打塞、封帽、贴标等工作可以同时完成。对于很少量的葡萄酒来说,也可以采用手动灌装的方式,一些没有灌装设备的酒庄也会选择使用灌装车。

其他 / Others

有些酒庄出于旅游接待及商务洽谈的需要,会在酒庄里增加一些功能区,例如品鉴区、接待展示区、餐饮住宿区、娱乐休闲区、商务洽谈区等。酒庄不仅是一个酿酒的场所,也越来越多地发挥着文化传播和旅游、娱乐等功能。

葡萄酒生产工艺
Wine Making Processes

酒庄最重要的功能就是酿造葡萄酒。这个过程看似复杂,其实最基础的原理就是通过酵母菌的作用将葡萄里的糖分转化为酒精。而其他复杂的工艺都是为了获得更稳定的质量,或更好的风味。由于我们所饮用的葡萄酒有着各种不同的风格类型,所以在工艺上也有所区别。在宁夏贺兰山东麓产区,葡萄酒最主要的类型是干红和干白,也有一些桃红葡萄酒、起泡葡萄酒、冰酒和白兰地等。

（一）前处理工艺 / Grape Processing

宁夏贺兰山东麓产区的酿酒葡萄都是手工采摘，在进入发酵罐之前需要进行分选和除梗。工人会将品质不佳的果串直接丢弃，然后用除梗机脱去葡萄的果梗。宁夏的大部分酒庄对葡萄的品质有更严格的要求，因此还要进行粒选。工人会逐粒选出成熟度高、果粒饱满的葡萄，将不成熟的果实和未清除干净的果梗筛选掉，这样的工艺虽然费时费工，但是对于提高葡萄酒的质量有很大的帮助。

虽然大多数酒庄在酿造干红葡萄酒时都会把葡萄破碎以后再进行发酵，但是也有一些酒庄采用整粒发酵的技术。这取决于酿酒师对葡萄酒风格的把控。无论破碎还是不破碎，经过前处理的葡萄都要投入发酵罐中。有一种观点认为泵的粗暴转动会吸入空气，让破碎后的葡萄汁液氧化，因此宁夏越来越多的酒庄在修建时采用"自然重力法"的布局，即前处理车间的位置高于酿造车间，这样就可以利用重力将葡萄投入发酵罐，而尽量避免使用泵。

（二）干红葡萄酒的生产 / Dry Red Wine Making

宁夏生产干红葡萄酒大多会在将包含果肉、皮、籽的葡萄汁投入发酵罐后，在低温下保持一段时间再启动发酵，以提取葡萄的果香和颜色，这一工艺称为"冷浸渍"。冷浸渍工艺的要点是温度一定要低（一般在15℃以下），否则葡萄果实上附带的野生酵母会有发酵的风险，同时还要用二氧化碳或干冰进行保护，以防止氧化。酿酒师会根据情况决定冷浸渍的温度和时间，但是一般不会超过7天。

冷浸渍完成后，会添加酵母启动发酵。由于红葡萄酒的酿造过程中需要提取葡萄中丰富的色素、单宁等酚类物质，所以发酵温度会较高，一般为25~29℃，同时采取淋皮等措施让酒液和皮渣更充分地接触。

宁夏大部分酒庄在酒精发酵结束后，还会让皮渣和酒液接触一段时间，进行进一步的浸提，这个过程称为"后浸渍"。后浸渍的时间长短不一，要根据情况而定，避免浸渍过度，这需要酿酒师有非常丰富的经验。

在酒精发酵结束后，干红葡萄酒的酿造一般还需要进行苹果酸–乳酸发酵，即通过乳酸菌将葡萄酒中尖锐的苹果酸转化为口感柔和、复杂的乳酸，同时增加了生物的稳定性。

（三）干白葡萄酒的生产 / Dry White Wine Making

和生产干红葡萄酒不同的是，生产干白葡萄酒需要在除梗后立刻进行压榨取汁，然后用葡萄汁来发酵。目前宁夏的酒庄基本上都是使用气囊压榨机来进行压榨取汁。

气囊压榨机可以很好地控制压榨力度，以获得优质的葡萄汁。这些葡萄汁首先会被澄清，然后在大约18℃的低温下发酵，以保留精致的果香。白葡萄酒的发酵一般在不锈钢发酵罐中进行，但是也有一些酒庄会选择在橡木桶中发酵。橡木桶会带给白葡萄酒更加肥硕丰富的口感和烘烤的香气，并增加其陈年能力。

干白葡萄酒的生产大多数不会进行苹果酸–乳酸发酵，但是极少数酿酒师会采用这一工艺，或者进行部分苹果酸–乳酸发酵，以获得更加复杂的香气。

（四）桃红葡萄酒的生产 / Rose Wine Making

在宁夏，桃红葡萄酒大多是用"放血法"生产的。这种方法其实是生产优质干红葡萄酒的一种特殊工艺，即在冷浸渍的时候放出一部分葡萄汁，这样酿成的干红葡萄酒风味会更加浓郁。而释放出的桃红色的果汁则被酿成桃红葡萄酒。这种桃红葡萄酒一般颜色较深，多为半甜型。

也有一些桃红葡萄酒是用"压榨法"生产的，即用红葡萄品种直接压榨取汁发酵，葡萄皮里的色素会有一部分进入酒液中，从而呈现出桃红色。这种桃红葡萄酒一般颜色较浅，大多为干型和半干型。

在酿造半干型、半甜型和甜型葡萄酒的时候，需要在中途打断发酵过程，以保留一部分残糖。酿酒师会根据需要的风格来决定何时中断发酵，但是工艺的处理需要十分小心，否则装瓶后会有再次发酵的风险。这样的方法被用来酿造桃红葡萄酒，也被用来酿造白葡萄酒，用雷司令、霞多丽、贵人香或玫瑰香酿成的半甜白葡萄酒在宁夏也很常见。

（五）其他类型葡萄酒的生产 / Others

起泡葡萄酒

目前宁夏贺兰山东麓产区将起泡葡萄酒作为主打产品的酒庄只有轩尼诗夏桐酒庄，一些酒庄也有少量生产。宁夏生产起泡葡萄酒均采用传统酿造法，即瓶内二次发酵法。

第一次发酵产生基酒的过程和酿造干白葡萄酒的过程是一样的。第二次发酵是将酒液装瓶后添加糖、酵母、酵母营养剂等，然后用皇冠盖封瓶。这时瓶内的酵母会代谢糖分并产生二氧化碳气体。发酵完成后，死亡的酵母沉淀在瓶内形成酒泥，需要通过转瓶的方式将其聚集到瓶口。然后将瓶口部分冰冻，打开皇冠盖，瓶内的压力会把瓶口的酒液连同酒泥一起推出来，工人们把推出瓶外的酒泥除去，打上木塞，加上金属丝扣，再贴上标签就成为最终的成品。

白兰地

近年来，宁夏贺兰山东麓产区的一些酒庄逐渐开始大规模生产白兰地，如宁夏张裕龙谕酒庄、宁夏农垦国宾酒庄、中贺酒庄等，所酿造的白兰地产品在市场中均表现出卓越不凡的品质。大多数酒庄所生产的白兰地主要是以白玉霓葡萄为原料，经发酵、蒸馏、橡木桶陈酿、调配而成。一些酒庄还会使用枸杞、洋葱和水果等原料来酿造风格独特的白兰地。

白兰地的生产工艺主要有原酒的酿造、蒸馏和陈酿。原酒的酿造工艺分为原料、取汁、酒精发酵三个部分，在整个葡萄加工以及发酵、贮存期间不得使用二氧化硫等，因其会在随后的蒸馏和陈酿过程中产生一些硫醇类物质等，导致酒液产生不良风味。蒸馏工艺在白兰地的生产过程中具有承前启后的重要作用，既要保留品种香气及发酵香气，又能为陈酿提供一定的前体芳香物质。因此蒸馏工艺可谓"得原酒之精华，奠陈酿芳香之基础"。常用的蒸馏方法有夏朗德壶式蒸馏法和塔式蒸馏法。壶式蒸馏法是间断式二次蒸馏，产品芳香物质较为丰富；塔式蒸馏法为连续式蒸馏，产品呈中性，乙醇纯度高。白兰地在陈酿过程中，单宁、醇类等物质氧化，酒液由无色逐渐变成金黄色至赤金黄色，香气变得丰富浓郁，口感更为柔和。

冰酒

宁夏冬季气温下降很快,这为冰酒的生产创造了条件。宁夏产区生产冰酒的主要葡萄品种是威代尔,一般在11月底到12月初,当气温达到-7℃以下时采收,此时的酿酒葡萄已经结冰。酒庄用冰葡萄压榨出的浓缩葡萄果浆来酿酒,在获得满意的酒精度时,还可以保留极高的糖分。在宁夏酿造冰酒最重要的问题是埋土,一方面,如果采收时地面已经冻结,葡萄藤将无法顺利越冬。在宁夏所有的土壤类型中,最不易冻结的是风沙土,因此宁夏生产冰酒的葡萄基本上都种植于沙地。另一方面,过晚进行埋土,和其他葡萄品种同一时间迎春展藤,期间葡萄树经历休眠时间过短,这会让葡萄树过于劳损其至过早死亡衰竭,所以有些酒庄会采用两片地交替年份酿造冰酒,或者隔年酿造冰酒,让葡萄树得到阶段性的"修整",因此冰酒的成本十分高昂。

自然酒

自然酒作为时下比较流行的葡萄酒类型之一,在宁夏贺兰山东麓产区的生产并不多见。相比于传统酿造方法和生物动力法来说,自然酒更注重酿造的各种细节把控。为了最大限度地减少外界干预,自然酒的酿造过程大多为人工操作而非机器,比如采摘、破碎和压榨等,最大程度让葡萄"顺其自然"变成酒。

在酿造自然酒的过程中,不可加糖和调节酸度,不可添加色素以及改善口感的添加剂,不可使用新橡木桶、橡木条、橡木片或其他添加液来为酒液增添风味,还应尽量避免澄清过滤等,从葡萄园到酿酒厂、从酿酒厂再到酒瓶酒杯,自然酒几乎不受到任何化学制品或添加剂的影响(为了保证存储和运输中酒的质量,偶尔会在装瓶时使用极少量的二氧化硫)。因此,相比一般的葡萄酒,自然酒产量较低,在外观上稍显浑浊,而且它的果香更淡,酵母气息更浓。

橙酒

橙酒是一种起源于格鲁吉亚的白葡萄酒。与多数白葡萄酒不同的是,橙酒在酿造的过程中压榨出来的果汁需要与葡萄皮和葡萄籽接触,这种接触使得葡萄酒有更深的颜色、香气复杂度和层次结构感。橙酒既具有红葡萄酒的复杂性和单宁,也保有白葡萄酒的清爽。酿造橙酒所使用的并不是常见的不锈钢桶或橡木桶,通常都是大型的陶制容器。原因是使葡萄酒发酵时产生的热量冷却,为发酵的葡萄汁提供更加充沛的浸渍时间,增强葡萄酒的香气和口感。橙酒的口感鲜美可口,带有干果、香料和冰茶的味道。

葡萄酒的陈酿
Cellaring and Aging of Wine

葡萄酒在陈年的过程中会发生改变,这是共知的事实。对于一些新鲜易饮型的葡萄酒来说,陈年或许无法带来更好的风味。但是对于优质的陈酿型葡萄酒来说,陈年是一个十分必要的过程。葡萄酒可以在陈年的过程中减少青涩味,发展出更加复杂的香气,同时让单宁变得更加细致。

(一)在橡木桶中陈年 / Oak Aging

在装瓶前最重要的陈酿过程是在橡木桶中进行的。橡木桶最初只是一个容器,当人们发现放在橡木桶里的葡萄酒口感更佳之后,就开始刻意用它来储存葡萄酒。直到今天,橡木桶储存已经成为葡萄酒酿造过程中的重要工艺。酿酒师要选择不同类型及不同烘烤程度的橡木桶,在放入酒液后还要经常留意它的状态,以决定出桶的时间。

在宁夏贺兰山东麓产区经常使用的橡木桶是法国橡木桶,酿酒师不仅用橡木桶对葡萄酒进行陈酿,甚至直接在橡木桶中进行酒精发酵或苹果酸-乳酸发酵。一般来说,橡木桶可以为葡萄酒带来更多烘烤、焦糖、烟熏、咖啡、巧克力等香气,其微氧的环境可以让葡萄酒缓慢成熟,单宁更加细腻。

（二）在惰性容器中陈年 / Inert Vessels Aging

不锈钢罐也可以用来储存葡萄酒，虽然不锈钢罐本身不能为葡萄酒带来更多的风味，但是可以保持葡萄酒原本的特色和清新自然的风格。储存在不锈钢罐中的葡萄酒氧化的速度较为稳定，也有利于酿酒师掌握酒的状态。

宁夏的一些酒庄还会使用陶罐来陈酿葡萄酒，具有代表性的是龙驿酒庄和源点酒庄。陶罐不会给葡萄酒带来更多风味物质，但是和不锈钢罐的区别是陶罐的罐壁具有轻微透氧的作用。宁夏贺兰山东麓产区对于陶罐的使用目前还处于探索阶段，在陶罐中陈年的葡萄酒究竟会如何变化，还需要更多的时间来观察。

（三）在瓶中陈年 / Bottle Aging

许多优质的葡萄酒灌装进玻璃瓶之后，还需要再储存一段时间才能达到巅峰，这个过程称为"瓶储"。新酿成的葡萄酒，其中的花香、果香和香料味还不能很好地融合在一起，经过适当的瓶储之后，葡萄酒的香气会更加自然，同时还会增加一些陈酿的风味，让葡萄酒的香气更加复杂，单宁也变得更加柔顺。

对于刚经过橡木桶储存的葡萄酒来说，瓶储更有必要，因为这时候橡木的气味过于发散，掩盖了其他的香味。经过数个月的瓶储之后，橡木气味逐渐收敛，花香和果香味会更加明显。

读醉宁夏

"每个人都应该经常沉醉，沉醉于葡萄酒，沉醉于诗歌，沉醉于美德。无论沉醉于什么，只要沉醉就好。"

——［法］夏尔·波德莱尔

"One should always be drunk. That's all that matters...
But with what? With wine, poetry, or virtue, as you choose. But get drunk."

——Charles Baudelaire

DUZUI Ningxia

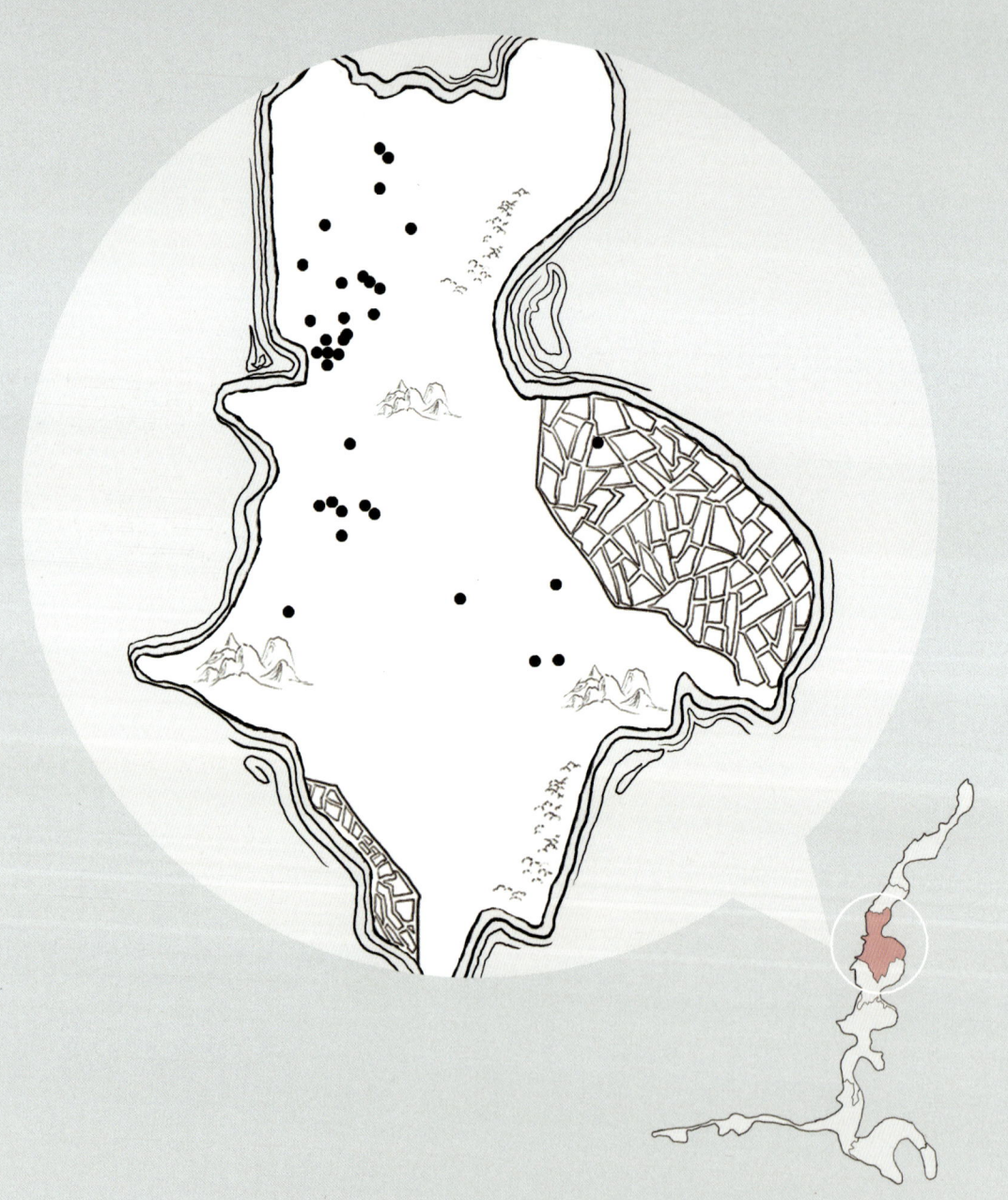

银川
Yinchuan

银川市的酒庄和葡萄园大多位于西夏区西部沿贺兰山脚一带，受贺兰山洪积扇的影响，这里土壤中的砾石含量高，会给耕作带来不便，因此在开垦时需要将较大的砾石清除掉。也有一些葡萄园位于银川市金凤区，与永宁的金沙相邻，这里主要为砂质土壤，拥有较好的排水性。银川种植的葡萄品种非常多样，几乎囊括了宁夏所有的主栽品种。

由于交通便利，银川是宁夏最早集中发展酒庄的地区，拥有许多在行业内较有名气的酒庄。其中的旅游观光配套设施也较全面。不同的酒庄拥有不同的种植和酿酒理念，从而让银川子产区的葡萄酒风格呈现出百花齐放的局面。

  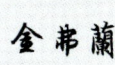

贺兰晴雪酒庄
Helan Qingxue Vineyard

二级庄

容健
宁夏银川市西夏区西夏广场北侧

葡萄园概况

栽培师：牛文奇
首批栽培年份：2005年
葡萄园总面积：300亩
栽培葡萄品种：赤霞珠、美乐、霞多丽、马瑟兰、马尔贝克

酿酒概况

酿酒师：张静
首款酒酿造年份：2005年
葡萄酒年产量：6万瓶
产品类型：干红、干白、桃红
品牌系列：加贝兰庄园级、加贝兰珍藏级、加贝兰特别珍藏级

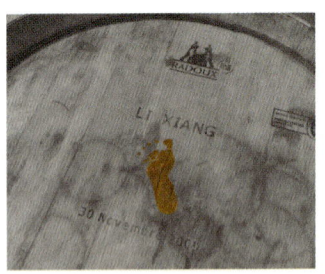

推荐酒款

酒款名称：加贝兰庄园干红葡萄酒
推荐年份：2018年
葡萄品种：赤霞珠、美乐、蛇龙珠
产品类型：干红
酿酒工艺：70%法国橡木桶陈酿14个月
品 鉴 词：呈明亮紫红色，果香清新，具有明晰的烟熏、橡木以及黑色浆果香气；口感紧实，中等酒体，结构平衡，回味较长。

贺兰晴雪酒庄：
将宁夏写入世界葡萄酒产地版图

一走进贺兰晴雪酒庄的大厅，就会看到正对面的墙上写着这么一句话："世界葡萄酒从这里发现贺兰山东麓产区"。这是因为在2011年的"品醇客世界葡萄酒大赛（Decanter World Wine Awards）"上，贺兰晴雪酒庄的"加贝兰2009特别珍藏"获得了大赛的最高奖项——"国际大奖"。这是中国葡萄酒首次获此殊荣！从此贺兰山东麓产区引起了全球葡萄酒人的关注，并引发了在宁夏投资酒庄的热潮。可以说贺兰晴雪酒庄对于整个产区的加速形成有着重要作用。

酒庄的创始人有三位：负责酒庄运营的容健先生、葡萄种植专家王奉玉先生和年轻的女酿酒师张静。酒庄的酿酒顾问是著名的葡萄酒专家李德美，也正是在他的指导下酿造出了"加贝兰2009特别珍藏"。"加贝兰2009特别珍藏"是代表酒庄最高水准的酒款，只有在最优秀的年份才会出品。

酒庄还有一款特别的酒，称作"小脚丫"。2009年的葡萄酒正在酿造时，酿酒师张静其实正怀有身孕，并在11月诞下女儿。为了表示祝贺，一位朋友将张静女儿小脚丫的印记烙在橡木桶上送给酒庄。张静将一部分2009年的酒装进了印有女儿脚丫的橡木桶，并起名为"小脚丫"。2012年，杰西斯·罗宾逊大师品尝了"小脚丫"之后十分惊叹，认为比获大奖的"加贝兰2009特别珍藏"更好，然后将"小脚丫"收录进了他的《世界葡萄酒地图（第七版）》。现在这个印有脚丫的橡木桶依然保存在贺兰晴雪的酒窖里。

志辉源石酒庄
Yuanshi Vineyard

二级庄

袁园
宁夏银川市西夏区镇北堡镇昊苑村

葡萄园概况

栽培师：毛雪
首批栽培年份：2008年
葡萄园总面积：2600亩
栽培葡萄品种：赤霞珠、霞多丽、马瑟兰、美乐、其他品种

酿酒概况

酿酒师：杨伟明
首款酒酿造年份：2009年
葡萄酒年产量：30万瓶
产品类型：干红、干白、桃红、甜白
品牌系列："山"系列、"石黛"系列、如意系列

推荐酒款

酒款名称：山之魂干红葡萄酒
推荐年份：2019年
葡萄品种：赤霞珠、品丽珠、小味儿多
产品类型：干红
酿酒工艺：橡木桶陈酿18个月
品鉴词：呈深宝石红色，丰富的黑色浆果气味融合优雅的香草、咖啡等香气，入口丰满硬朗，单宁细腻紧致，韵致悠远。
荣誉奖项：2020德国柏林葡萄酒大赛（Berliner Wein Trophy）金奖

志辉源石酒庄：
源起山石，酒出自然，中国园林式葡萄酒庄

"疏翠庭前供答话，浅红木末劝持杯。"

一句宋诗，得到穿越时空的应和。建于废弃矿山沙坑上的志辉源石酒庄，无处不体现着"中国园林式酒庄"的概念。酒庄建筑的石砌墙壁厚达两米，具有冬暖夏凉的效果，其情态错落有致、古朴庄重，配以石雕、木雕等传统工艺的装饰，将古朴庄重、恬淡虚静的中国美学精神体现得淋漓尽致。

源起山石，酒出自然。庄主袁园介绍，"贺兰山下的酒庄，应该和这里苍凉、雄阔的气质共情。我们希望将酒庄打造为精雕细刻的作品，就地取材，每一块保留自然形态的石头，都是生态故事的诉说者。"

从采砂到造林，再到生态修复。贺兰山下，志辉源石恪守生态准则，正如恪守美酒的品质，营造了一座以中国文化为核心的葡萄酒庄。酒庄秉承"天人合一"的理念，依二十四节气耕作，传递中国人对葡萄酒的理解，唤起中国传统文化回归。

留世酒庄
Legacy Peak Estate

二级庄

刘海

宁夏银川市西夏区西夏陵景区北侧

葡萄园概况

栽培师：王学智
首批栽培年份：1997年
葡萄园总面积：450亩
栽培葡萄品种：赤霞珠、美乐、马瑟兰、霞多丽

酿酒概况

酿酒师：周淑珍
首款酒酿造年份：2011年
葡萄酒年产量：10万瓶
产品类型：干红、干白
品牌系列：留世家族传承、留世传奇、留世羽系列、留世艺术家系列、留世鸱吻

推荐酒款

酒款名称：留世酒庄传奇限量珍藏红葡萄酒
推荐年份：2018年
葡萄品种：85%赤霞珠、15%美乐
产品类型：干红
酿酒工艺：法国橡木桶陈酿15个月
品鉴词：呈深宝石红色，展现出成熟的黑色浆果、黑醋栗及奶油的香气，松脂、蓝莓和肉蔻的香气以及甘草、橡木桶烘烤的香气带来层次感，成熟细腻的单宁，饱满的酒体，优雅而令人愉悦。
荣誉奖项：2017国际葡萄酒挑战赛（International Wine Challenge）金奖

留世酒庄:"留芳百世,流向世界"

留世酒庄的名字是"刘氏"的谐音,庄主叫刘海,葡萄园继承自他的父亲,共有450亩,其中200亩种植于1997年,为宁夏最老的葡萄园之一。酒庄和葡萄园都位于宁夏著名的风景区西夏王陵内,站在葡萄园里就可以看见高耸的陵冢。王陵的选址刻意避开了贺兰山的泄洪区,因此这片土壤里的砾石形状和其他葡萄园不同,大多是风化形成的片岩。

风土的性格影响着这里的人,人的性格影响着杯中的酒。

2010年,留世酒庄创始人刘海正式在这一年创立了品牌"留世1246",1246指葡萄园的海拔。"这一路走来,扛住了所有艰难,才成就了今天的留世。我们要做的不是求大求快,而是保证品质和提升美誉度,让留世品牌能够留芳百世,流向世界。"

如今,留世酒庄的产品已进入新加坡、法国、德国、澳大利亚等国家市场;酒庄酒款成为米其林晚宴指定用酒、英国大使馆晚宴用酒、北京紫金宾馆国宴用酒、瑞士大使馆晚宴用酒、新荣记晚宴指定用酒;中国驻意大利使馆也曾选用留世葡萄酒作为伴手礼,赠送欧盟外交官。"留世"所到之处,不仅加深了世界对宁夏贺兰山东麓葡萄酒产区的认知,也改变了世界对中国葡萄酒的印象。

利思酒庄
LISI ESTATE

二级庄
李学仁
宁夏银川市金凤区通达北街1099号

葡萄园概况
栽培师：常静
首批栽培年份：2011年
葡萄园总面积：1000亩
栽培葡萄品种：赤霞珠、马瑟兰、美乐、西拉、品丽珠、霞多丽、贵人香

酿酒概况
酿酒师：陈建琴
首款酒酿造年份：2013年
葡萄酒年产量：30万瓶
产品类型：干红、干白、半干白、桃红
品牌系列：传承系列、荣耀系列、文化系列、爱心系列

推荐酒款
酒款名称：利思典藏西拉干红葡萄酒
推荐年份：2019年
葡萄品种：80%西拉、20%赤霞珠
产品类型：干红
品鉴词：呈深宝石红色。拥有浓郁的蓝莓、黑橄榄和黑李子香气，余味中略带胡椒香气。酒体丰盈润滑，单宁柔和细腻且挺拔，平衡、醇厚。
荣誉奖项：2021年首届贺兰山东麓国际葡萄酒博览会大金奖
2022年FIWA法国国际葡萄酒大奖赛金奖

利思酒庄：
饮水思源，生命思恩

"庭院深深深几许。"

在城市不远处，沉醉于佳酿，陶醉于自然。从银川市区驱车一路向西，不足20分钟车程，便可以看到位于天骏森林海生态园内，宛若世外桃源一般的葡萄园，这便是利思酒庄。酒庄周围绿树环绕，湖水荡漾，餐饮和住宿都十分便利，前来观光休闲的游客络绎不绝。在这里，不仅可以享受葡萄庄园的自然风光与诗情画意，还可以品尝酒庄酿造的葡萄美酒。

利思酒庄由内到外体现的，是中国传统文化中"大道至简"的质朴。庄主李学仁非常重视"传承"，酒庄文化传承系列葡萄酒的五款酒标采用了儒家五常"仁、义、礼、智、信"，不仅表达了对中国传统文化的致敬与传承，也将弘扬中国传统文化融入利思酒庄的血脉里，而这也赋予了利思美酒独特的灵魂。

蓝赛酒庄
Chateau Lansai

三级庄
吴志刚
宁夏银川市西夏区镇北堡镇昊苑村

葡萄园概况
栽培师：吴志鹏
首批栽培年份：2009年
葡萄园总面积：205亩
栽培葡萄品种：赤霞珠、马瑟兰、美乐、黑比诺、霞多丽

酿酒概况
酿酒师：邓钟翔
首款酒酿造年份：2013年
葡萄酒年产量：6万瓶
产品类型：干红、干白、桃红
品牌系列：墨系列、茉莉系列、盈川红、赛龙藤

推荐酒款
酒款名称：余茉莉赤霞珠干红葡萄酒
推荐年份：2020年
葡萄品种：赤霞珠
产品类型：干红
品 鉴 词：黑醋栗和烟叶夹杂着橡木带来的雪松香气，奶油质感展示出复杂而细腻的层次。酒体饱满，单宁精致细腻，回味悠长。
荣誉奖项：2023品醇客世界葡萄酒大赛（Decanter World Wine Awards）96分金奖
2021德国柏林葡萄酒大赛（BerLiner Wein Trophy）金奖
2021中国百大葡萄酒榜单第六名（JS94分）

蓝赛酒庄：尽自然而然，合天地之美

"盐穹沧海始为干，塞上耘来辟亩田。"

"蓝赛"之名正得于此。这座位于西夏区镇北堡镇昊苑村的酒庄，青砖灰瓦，亭台楼阁，完美地将贺兰山石材与中国传统的建筑美学相融合，并将砖雕、瓷雕的艺术运用于斗拱飞檐，玲珑精致，是一座体现了独具晋文化的中国风酒庄。

念贺兰一面之缘，许心中一生承诺。2005年方始寻地，2009年开沟种植，2013年建庄，直至2015年着手试酿。酒庄自有种植基地206亩，田间坚持做到亩控450千克株苗不过7串果。并于2021年将藤龄17岁的25亩黑比诺园，精细到独占园的种植管理。

十年之期，十年初作，黄河为饮，贺兰作伴。黄沙之上的串串硕果，因缘、因念，自然而然成了佳酿。蓝赛酒庄自2016年创庄品牌墨系列上市，2017年茉莉系列接踵而来，在国内国际各重要知名赛事中，屡获大金奖、双金奖、金奖荣誉。

中国宁夏蓝赛酒庄，尽自然而然，合天地之美。

和誉酒庄
Heyu Estate

四级庄

孙云聪
宁夏银川市西夏区镇北堡镇昊苑村云山路

葡萄园概况

栽培师：祝速进
首批栽培年份：2012年
葡萄园总面积：325亩
栽培葡萄品种：赤霞珠、威代尔、马瑟兰、美乐、霞多丽

酿酒概况

酿酒师：黄科
首款酒酿造年份：2016年
葡萄酒年产量：20万瓶
产品类型：干红、干白、桃红、半甜白、加强型葡萄酒
品牌系列：和誉系列（和誉珍藏、和誉和不同、和誉和为贵、和颜、和悦）、和誉新秦中系列

推荐酒款

酒款名称：和誉珍藏干红葡萄酒
推荐年份：2017年
葡萄品种：赤霞珠
产品类型：干红
酿酒工艺：法国细纹里橡木桶陈酿
品 鉴 词：奶油和黑醋栗香气混合着覆盆子和松木的味道；蓝莓、黑莓、香草和咖啡的气息在口腔徘徊，单宁细腻优雅。
荣誉奖项：2021布鲁塞尔国际葡萄酒大赛（Concours Mondial de Bruxelles）金奖

和誉酒庄：
绘和美之景，酿醇和之酒

> 尊崇自然　和谐共生
> 紫色梦想　誉满天下
>
> 宁夏和誉国际葡萄酒庄
> 林玉穗

"贺兰山下果园成，塞北江南旧有名。"

论语道"君子和而不同"，和誉酒庄创始人自2012年建庄就始终坚信葡萄酒是基于农业而发展出来的产业，尊重传统，敬农事，科学施种，精心管理。酒庄秉承尊重一方风土、包容四海文化的初心，将宁夏风味带向全国乃至世界。

宁夏和誉酒庄拥有集葡萄栽培、酿造、文化传播于一体的产业链运营体系，酒庄地处银川市西夏区镇北堡110国道距离影视城向南2千米云山路处，是集种植、酿酒、观光旅游、住宿餐饮、休闲度假为一体的综合性企业。

酒庄采用多种现代化管理方法，以保证葡萄原料的品质，使得酿造的葡萄酒的口感和风味更加柔和和丰富，绵远悠长。酒庄的产品追求浓郁出色的香气和适中的酒体。除了干红葡萄酒，酒庄还酿造了威代尔干白和甜白葡萄酒，果香清新且纯净，独具特色。

贺兰山脚下、黄河之畔，从荒漠到绿洲，和誉酒庄用勤劳、坚韧、智慧，绘着和美的景，酿着醇和的酒。

迦南美地酒庄
Kanaan Winery

二级庄

王方
宁夏银川市西夏区北京西路西夏广场北侧

葡萄园概况

栽培师：雷久明
首批栽培年份：2011年
葡萄园总面积：252亩
栽培葡萄品种：赤霞珠、雷司令、美乐

酿酒概况

酿酒师：周淑珍
首款酒酿造年份：2011年
葡萄酒年产量：8万瓶
产品类型：干红、干白、半甜白、桃红
品牌系列：魔方、黑骏马、小马驹、小野马、雷司令、馥司令

推荐酒款

酒款名称：小马驹红葡萄酒
推荐年份：2015年
葡萄品种：90%赤霞珠、10%美乐
产品类型：干红
酿酒工艺：橡木桶陈酿12个月以上
品　鉴　词：呈现深色水果香气，伴随咖啡、桂皮和巧克力气息，层次丰富，精致讨喜。酒体饱满平衡，有着悦人的酸度和单宁。
荣誉奖项：2015品醇客亚洲葡萄酒大赛（Decanter Asia Wine Awards）地区奖

迦南美地酒庄：流着奶和蜜的"应许之地"

迦南被《圣经》称作"应许之地"，是以色列人民经历40年旷野生活之后，进入上帝所赐的"流着奶与蜜之地"，庄主王方信仰基督教，因着对葡萄园充满期望，故起此名——迦南美地。王方在德国生活十多年，父亲王奉玉是宁夏当地著名的葡萄酒专家，2010年王方离开居住十几年的德国，回到故土宁夏，投身到宁夏葡萄酒产业当中。

迦南美地酒庄的骏马系列葡萄酒——黑骏马、小马驹、小野马，一方面源于王方对骏马的偏爱，在酒庄的摆设中无处不充斥着"马"元素；另一方面，庇护宁夏的"贺兰山"在蒙古语中具有"骏马"的意思，庄主王方以此致敬土地。

酒庄的另一特色酒款是雷司令。由于王方在德国的生活经历，让她对于雷司令有着割舍不掉的情结。在宁夏这种和德国完全不同的地理气候条件下，迦南美地依然酿造出让人惊喜的作品，也是葡萄酒爱好者来宁夏品尝雷司令的首选。

美贺庄园
Chateau Mihope

三级庄

奚强

宁夏银川市西夏区镇北堡镇
赤霞珠路与振兴路交会处

葡萄园概况

栽培师：苏旺春
首批栽培年份：2014年
葡萄园总面积：1500亩
栽培葡萄品种：美乐、赤霞珠、马瑟兰、霞多丽、西拉、雷司令、维欧尼

酿酒概况

酿酒师：周兴
首款酒酿造年份：2015年
葡萄酒年产量：40万瓶
产品类型：干红、干白、桃红
品牌系列：美贺庄园

推荐酒款

酒款名称：美贺庄园珍藏干红葡萄酒
推荐年份：2020年
葡萄品种：73%赤霞珠、27%美乐
产品类型：干红
酿酒工艺：法国橡木桶陈酿15个月
品鉴词：呈深宝石红色，混合成熟甜美的醋栗、黑莓、黑李子等黑色浆果以及草本叶子的香气；酒体饱满，酸度活泼，单宁强劲有力，余韵悠长。
荣誉奖项：2023德国柏林葡萄酒大赛（Berliner Wein Trophy）金奖
2022FIWA法国国际葡萄酒大奖赛银奖

美贺庄园：
为美好生活喝彩

美贺庄园位于宁夏银川市西夏区镇北堡影视城向西四公里处，作为中国知名艺术酒庄，倡导"生活，即艺术"的品牌理念。借自然之力，尽显人工之美。在这里可以享受舒适惬意的美酒时光，饱览贺兰山脉浩荡雄浑之美，也可以体验到庄园里的自然、浪漫与艺术，感受到整个产区的力量、情怀和热忱，真正体验舒适、步步生景的美好生活理念。

酒庄聘请意大利酒堡设计公司LASI全方位量身定制简约欧式风格酒堡，把"对美好生活的向往"融合在酒堡内部设计中，将葡萄酒的浪漫与品质、沉淀与传承，利用简约的设计，高质感的装饰，把美贺品牌对美好生活的追求展现得淋漓尽致。

酒庄采用自然重力酿造工艺，通过对工艺流程的精心设计和高标准选择，引进法国先进酿酒理念及酿酒技术，聘请宁夏葡萄栽培专家指导葡萄园种植。强大的技术力量也为庄园的长远发展奠定了坚实的基础。

龙谕酒庄

宁夏张裕龙谕酒庄
Longyu Estate

四级庄

矫红伟

宁夏银川市经济技术开发区六盘山路359号

葡萄园概况

栽培师：周新明、马学东
首批栽培年份：2006年
葡萄园总面积：900亩
栽培葡萄品种：美乐、赤霞珠、西拉、（长相思、雷司令、小芒森）、（蛇龙珠、马瑟兰、黑比诺）

酿酒概况

酿酒师：姜文广
首款酒酿造年份：2013年
葡萄酒年产量：60万瓶
产品类型：干红、干白、桃红
品牌系列：龙谕系列

推荐酒款

酒款名称：龙12赤霞珠干红葡萄酒
推荐年份：2019年
葡萄品种：赤霞珠
产品类型：干红
酿酒工艺：橡木桶陈酿24个月
品　鉴：香气浓郁丰富，具有黑色浆果、巧克力、咖啡及香草、丁香等辛香料气息。入口成熟饱满圆润，单宁结构紧实细腻。
荣誉奖项：2021德国柏林葡萄酒大赛（Berliner Wein Trophy）金奖

宁夏张裕龙谕酒庄

张裕龙谕酒庄与贺兰山东麓的故事始于2006年，这一年，"张裕"来到宁夏贺兰山东麓，在被称为中国最具潜力的葡萄酒产区，开启龙谕探索的第一步。

为了寻找最优地块，龙谕在贺兰山东麓产区的每个小地块分别种上葡萄、单独酿酒，通过酒质的高低评判地块的优劣，经过17年的不懈努力，几乎试遍了整个产区，才"反向"选择出25个A级葡萄种植区成为酒庄的专属种植基地。

自酒庄开庄以来，从英国《金融时报》"中国最佳葡萄酒"和"葡萄酒圣经"《世界葡萄酒地图》专门收录的中国酒庄，到MUNDUS VINI世界葡萄酒大赛"中国最杰出葡萄酒"、*Vinum*杂志"世界100瓶顶级葡萄酒"，再到*ENOS*杂志"世界顶级葡萄酒"、胡润百富"高净值人群最青睐的中国高端葡萄酒"，荣获全球130多项大奖的龙谕，已畅销美国、英国、法国、德国等50个国家，登陆众多米其林、黑珍珠高端餐厅，越来越成为全球红酒新标杆。

2021年酒庄品牌焕新迈出关键步伐，品牌全新标识和形象"龙谕"惊艳登场。"龙"是中华民族的义化标志和精神符号，"谕"意为告知世界。张裕希望通过龙谕来告诉世界，中国的葡萄酒已经可以平视世界。

源点酒庄
The Starting Point Winery

姜澄
宁夏银川市金凤区国营银川林场植兴公路北侧

葡萄园概况

栽培师：王存福
首批栽培年份：1997年
葡萄园总面积：200亩
栽培葡萄品种：赤霞珠、品丽珠、雷司令、维欧尼、贵人香、美乐、黑比诺、西拉

酿酒概况

酿酒顾问：谢亚玲
酿酒师：李生海
首款酒酿造年份：2019年
葡萄酒年产量：1万瓶
产品类型：干红、干白、橙酒
品牌系列：源点

推荐酒款

酒款名称：源点陶罐干红葡萄酒
推荐年份：2018年
葡萄品种：50%赤霞珠、50%品丽珠
产品类型：干红
品鉴词：呈宝石红色，具有典型的品种香气、深色水果和浓郁的口感，有陶罐酒特有的气息，入口甘美，富有成熟的风格，酸度稍低，回味悠长。

源点酒庄：
极致酿酒哲学，展现自然酒魅力

"人法地，地法天，天法道，道法自然。"

自20世纪90年代，源点酒庄便开始耕耘自己的两百亩葡萄园，这片葡萄园也是宁夏贺兰山东麓葡萄酒产区最老的葡萄园之一。

酒庄庄主姜澄（Reisa Jiang）有着对葡萄酒的独特认识和酿酒理念：秉持减少人工干预，尊重自然，让万物和谐共生的理念，参考生物动力法精心耕作葡萄园。并将此理念融入源点酒庄的种植和酿造过程，以创造高品质的自然酒。酒庄追求"既不从葡萄中取出任何物质，也不向其中添加任何物质"，酿造有机的、天然的葡萄酒。采用老藤葡萄果皮的野生酵母自然发酵，在橡木桶和陶罐中熟成，尽量不采取下胶和过滤，让葡萄酒自然沉淀达到澄清。源点系列葡萄酒每款酒的产量仅千余瓶。

在源点酒庄，酿造着一种不常见的葡萄酒类型——橙酒（orange wine）。酒庄的陶罐雷司令橙葡萄酒，采用古老传统的酿酒方式，呈现橘黄色色调，从颜色到香气无不展现自然酒的独特魅力。

兰一酒庄
Chateau Lanny

三级庄

雷燕
宁夏银川市西夏区镇北堡镇德林村北

葡萄园概况

栽培师：张国庆
首批栽培年份：2012年
葡萄园总面积：600亩
栽培葡萄品种：赤霞珠、美乐、马瑟兰

酿酒概况

酿酒师：易一
首款酒酿造年份：2012年
葡萄酒年产量：13万瓶
产品类型：干红、干白、桃红
品牌系列：兰一酒庄系列、国人喝国酒系列、国色天香系列、花系列

推荐酒款

酒款名称：兰一美乐干红葡萄酒
推荐年份：2019年
葡萄品种：美乐
产品类型：干红
品鉴词：呈宝石红色，清甜的丁香味混合着一丝辛辣的李子香，单宁柔滑，酒体较重，如同黑浆果在口中迸裂，味道浓郁香醇，收尾干净。

兰一酒庄：
和自然抗争，也与自然协作

"淡如琼液轻流晕，浓似丹霞浅入觞"。

兰一酒庄，一座四合院似的院落，木质回廊环绕着的主体建筑沿平面延伸，颇有园林风范。

"兰一"两个字合在一起就是"羊"字。取此名，正是因为贺兰山上随处可见野生的岩羊，它们在人们无法攀登的峭壁上跳跃前行，这本身就象征着征服一切困难的雄心，也寓意着酒庄的核心文化——像岩羊一般征服自然，也与自然协作，屹立于贺兰山东麓。

站在酒庄极目远眺，贺兰山巍峨雄壮，而处在贺兰山脚下的葡萄园，就像依偎在大山怀抱里的婴儿。你或许很难想象，在酒庄建立之初，只有满是砾石的荒地，因为过于贫瘠，连树木都无法生长。

没有贺兰山独特的地貌，岩羊也不会存在于此，它们与贺兰山共生，这也正是葡萄酒与贺兰山东麓的关系。酿造葡萄酒从来都不是一件轻松的事情。经过艰苦的改造，如今这里已是满目葱翠的葡萄园，而那石头窖里葡萄美酒的香气更是萦绕在味蕾的尖端，细酌醉香。

蒲尚酒庄
Domaine Pushang

三级庄

杨冀鑫

宁夏银川市西夏区镇北堡镇昊苑村

葡萄园概况

栽培师：杨冀鑫
首批栽培年份：2009年
葡萄园总面积：260亩
栽培葡萄品种：马瑟兰、赤霞珠

酿酒概况

酿酒师：姜婧
首款酒酿造年份：2013年
葡萄酒年产量：6万瓶
产品类型：干红、桃红
品牌系列：蒲尚马瑟兰、春华、秋实、天时、前程系列

推荐酒款

酒款名称：蒲尚酒庄马瑟兰干红葡萄酒
推荐年份：2021年
葡萄品种：90%马瑟兰、10%赤霞珠
产品类型：干红
酿酒工艺：橡木桶陈酿12个月
品　鉴　词：呈深宝石红色，带有紫色调。浓郁的果香味极富表现力，香气丰富、优雅，入口丝滑，单宁细腻，回味悠长。
荣誉奖项：2018布鲁塞尔国际葡萄酒大赛（Concours Mondial de Bruxelles）金奖

葡之尚品
酒之尚德
杨鉴旗

蒲尚酒庄：
寻找中遇见马瑟兰

据《史记·大宛列传》，"大宛诸国皆以蒲陶酿酒，富人藏酒至万馀石。"

酒庄虽小，但是名气不小。"蒲"字源于"蒲陶"，是古代人对葡萄的叫法，"蒲尚"意为"葡之尚品、酒之尚德"，将用好原料、用心做好酒，奉为酒庄运营理念，这便是"蒲尚"的由来。

在宁夏贺兰山东麓葡萄酒产区，酒庄星罗棋布，每一家酒庄都努力打造属于自己的品牌特色，去挖掘每一个葡萄品种的最大潜力。提到蒲尚酒庄，很多人会立刻想到马瑟兰这个葡萄品种。

浓郁的黑醋栗、黑李子等水果香气，伴随着微甜的草本和橡木风味，酒体饱满，单宁紧致，酸甜浓郁的气息中带着酱油的咸香，口感芬芳，回味绵长。如满身书香的女子舒眉展目，打散窗前一丛花香。

蒲尚马瑟兰的酒标同样别具风味：白底酒标上是一串空空的葡萄枝子，而葡萄在哪里呢？都酿成瓶中美酒了！你在品尝的时候，可以用紫红色的酒液在酒标点画上你想要的葡萄的样子。

名麓酒庄
Domaine Monluxe

三级庄

王戈琪

宁夏银川市西夏区镇北堡镇昊苑村云山路南侧

葡萄园概况

首批栽培年份：2013年
葡萄园总面积：121亩
栽培葡萄品种：赤霞珠、美乐、霞多丽

酿酒概况

酿酒师：周淑珍
首款酒酿造年份：2014年
葡萄酒年产量：4万瓶
产品类型：干红、干白
品牌系列：名麓

推荐酒款

酒款名称：名麓Ⅱ号干红葡萄酒
推荐年份：2019年
葡萄品种：75%赤霞珠、25%美乐
产品类型：干红
酿造工艺：法国橡木桶陈酿12个月
品 鉴 词：香气馥郁优雅，酒体柔滑细腻。
荣誉奖项：2023德国柏林葡萄酒大赛（Berliner Wein Trophy）金奖

名麓酒庄：
跳跃在音符上的葡萄酒

"人生若无酒，世上亦无诗。"

"麓"同"鹿"，代表着美好，也有生命中的贵人之意。

这是一家带有文艺符号的精品小酒庄，白色的酒庄建筑上画着一幅跳跃的音符，彰显着酒庄"用音乐唤醒葡萄酒的律动"的种植理念。

每年春季，葡萄展藤上架后，葡萄园每天都会定时响起音乐，每个季节根据葡萄的生长需求，播放的音乐类型也不同。贺兰山下，葡萄园中，身处酒庄，听着音乐完全忘记时间的流动。

作为一家"小地块、小风土"的精品酒庄，其营销主要面向私域的中高端客户，以独特的认购方式，让客户拥有从葡萄到葡萄酒全过程的"参与式、体验式"消费；购买性价比高并可溯源的私人订制酒庄酒。同时，配套的特色服务让客户成为"庄主"，聚友名麓酒庄，畅饮贺兰山下，与星空作伴，与自然融合。

欣恒酒庄
Xinheng Winery

王宇恒、高欣迪
宁夏银川市西夏区镇北堡镇昊苑村二组东区14号

酿酒概况

酿酒师：周淑珍
首款酒酿造年份：2019年
葡萄酒年产量：4万瓶
产品类型：干红、干白、桃红
品牌系列：远山如黛橡木桶珍藏系列、寻星望月干红葡萄酒系列、勤煦庄主珍藏系列、2022山地雄心高山滑雪系列、欢喜干白桃红系列

推荐酒款

酒款名称：远山如黛·橡木桶珍藏干红葡萄酒
推荐年份：2020年
葡萄品种：60%美乐、40%赤霞珠
产品类型：干红
酿酒工艺：橡木桶陈酿12个月
品 鉴 词：酒液呈深紫红色，不仅富有浓郁的果香和花香，还有香草、烘烤、巧克力等香甜的气息。单宁柔顺紧致又不过分突出，结合适中的酸度和酒体让这款酒显得格外优雅。
荣誉奖项：2023"一带一路"国际葡萄酒大赛金奖

欣恒酒庄：
怀赤诚之心，做瞻仰葡萄酒世界的秀木

"远山如黛，近水含烟，薄雾轻拂初阳淡。"

作为宁夏贺兰山东麓产区新秀的欣恒酒庄位于银川市西夏区镇北堡镇昊苑村，西倚贺兰山，是镇北堡众多酒庄中独具特色的一家园林式葡萄酒庄。

欣恒酒庄取自庄主夫妇"王宇恒"与"高欣迪"的名字，让更多人驻足欣赏葡萄酒的魅力，沉醉于葡萄酒，是欣恒酒庄的初心。欣恒酒庄除了用心做好每一瓶葡萄酒，也不忘弘扬葡萄酒文化。葡萄酒庄旅游、精品民宿和特色餐饮等多元化的功能是为了让国产葡萄酒有更多的机会被大家了解。

酒庄目前主打"勤煦"和"如黛"两个品牌，勤煦·庄主珍藏干红葡萄酒从品质到设计都体现着欣恒努力做有温度的中国酒庄酒的决心；远山如黛·橡木桶珍藏干红葡萄酒则是酒庄闲适幽雅氛围的最真实"表达者"。

新牛酒庄
Xinniu Winery

三级庄

张厚宝

宁夏银川市西夏区镇北堡镇新牛庄园
（西夏区110国道1001号）

葡萄园概况

栽培师：马月光
首批栽培年份：2009年
葡萄园总面积：270亩
栽培葡萄品种：赤霞珠、美乐、贵人香、蛇龙珠、马瑟兰、红提

酿酒概况

酿酒师：白明
首款酒酿造年份：2012年
葡萄酒年产量：7万瓶
产品类型：干红、干白、桃红
品牌系列：纵情、昊王

推荐酒款

酒款名称：纵情窖藏赤霞珠干红葡萄酒
推荐年份：2017年
葡萄品种：90%赤霞珠、10%蛇龙珠
产品类型：干红
酿酒工艺：橡木桶陈酿13个月
品 鉴 词：呈深宝石红色，具有成熟的黑醋栗、黑莓等浆果及烤面包的香味。入口圆润饱满，口感平衡愉悦，香气优雅纯正，具有陈酿潜质。
荣誉奖项：2017布鲁塞尔国际葡萄酒大赛（Concours Mondial de Bruxelles）大金奖

新牛酒庄：
"纵情"西北，酿中国的葡萄酒

"烹羊宰牛且为乐，会须一饮三百杯。"

在贺兰山岩画中，有许多关于牛的图画，诉说着古老先民对牛的崇拜。牛在中华文化中是农耕文明和勤劳奉献的代表，新牛酒庄的名字即来源于此。新牛酒庄不仅有一个朴素的名字，还十分注重对中国传统文化的传承。

如牛，勤勤恳恳开荒拓土，用奋斗书写人生华彩；如山，安身于此稳扎稳打，为未来发展打下坚实的地基；如泉，源于大地滋养万物。经过多年沉淀，新牛酒庄不仅有"纵情"系列葡萄酒的惊艳问世，也有尽享自然的生态环境吸引游客青睐。2019年，新牛酒庄被中国旅游协会休闲农业与乡村旅游分会评为"五星级休闲农业与乡村旅游"企业。

庄主张厚宝一语中的：中国人就是要酿中国的葡萄酒，做中国特色的品牌才能让世界接纳。

海香苑酒庄
Sea Rhyme

三级庄

龚维斌
宁夏银川市西夏区镇北堡镇昊苑村

葡萄园概况

栽培师：郭万柏
首批栽培年份：2011年
葡萄园总面积：55亩
栽培葡萄品种：赤霞珠

酿酒概况

酿酒师：江涛
首款酒酿造年份：2013年
葡萄酒年产量：1万瓶
产品类型：干红、桃红
品牌系列：龚庄、海香苑、海魂、海韵

推荐酒款

酒款名称：龚庄荣耀赤霞珠干红葡萄酒
推荐年份：2015年
葡萄品种：赤霞珠
产品类型：干红
酿酒工艺：橡木桶陈酿13个月
品 鉴 词：呈深宝石红色，充满了樱桃和果浆香气，入口醇和甜美，优雅平衡，有浓郁的果香与香草气息，单宁成熟、柔滑，尾香悠长且有巧克力味。
荣誉奖项：2017品醇客亚洲葡萄酒大赛（Decanter Asia Wine Awards）嘉许奖

海香苑酒庄：
葡萄园虽小，景美酒好

"葡萄怜美酒，苜蓿趁田居。"

在百花争艳的宁夏酒庄集群中，海香苑酒庄可谓名副其实的"袖珍酒庄"。然而，葡萄园虽小，但海香苑也以其独特的魅力，吸引着人们的目光。

"海香苑"的标志是一个"龚"字图腾，源于庄主的家族姓氏。酒庄位于银川市镇北堡镇昊苑村，是一个集葡萄种植、精品酒庄酒生产、农业观光、葡萄酒品鉴、葡萄酒文化体验为一体的葡萄酒旅游庄园。

酒庄远离闹市，紧邻贺兰山。青山绿树之间，游客既可领略葡萄采摘的乐趣，又能领略葡萄美酒的惬意。酒庄现已成为镇北堡西部影视城、岩画、西夏陵等黄金旅游线路中的现代特色人文旅游新景点。

酒庄不在大小，景美酒好，自在海香苑。

君祥酒庄
Villa Joie Chateau

刘俊成
宁夏银川市西夏区镇北堡镇西拉路南100米

葡萄园概况

栽培顾问：李玉鼎
首批栽培年份：2012年
葡萄园总面积：90亩
栽培葡萄品种：赤霞珠、马尔贝克、马瑟兰、小味儿多

酿酒概况

酿酒顾问：张军翔
首款酒酿造年份：2021年
葡萄酒年产量：3万瓶
产品类型：干红
品牌系列：君祥

推荐酒款

酒款名称：君祥·燕归来干红葡萄酒
推荐年份：2019年
葡萄品种：50%赤霞珠、30%小味儿多、20%马瑟兰
产品类型：干红
酿酒工艺：橡木桶陈酿12个月
品 鉴 词：呈深紫红色，香气浓郁优雅，口感醇厚圆润。

君祥酒庄:
君子祥和,诉说一方风土

君祥品牌于2012年创建,寓意君子祥和。酒庄坐落在贺兰山脚下,一座具有地方特色的中式建筑与整齐美观的葡萄园相呼应。酒庄大厅中体现贺兰山和黄河的写意壁画,表达了酒庄对产区风土的敬畏和感恩之心。

君祥酒庄以生产精品葡萄酒为主。"精品酒的定义应该是精心所种,精心所酿",君祥酒庄庄主刘俊成先生希望能够酿造出具有宁夏贺兰山东麓产区特色的葡萄酒。酒庄规模虽小,但在葡萄园管理和酿造工艺细节上都十分用心。

君祥酒庄邀请产区著名葡萄栽培专家李玉鼎教授作为酒庄的栽培顾问,以及产区首席酿酒专家张军翔作为酿酒顾问,强大的技术背景使得酒庄的种植酿造管理更加精细,技术上更加创新。坚守品质、不断进取也成了君祥酒庄酿酒的第一准则。

宝实酒庄
Chateau Baoshi

三级庄

康增
宁夏银川市镇北堡镇昊苑村

葡萄园概况

栽培师：路吉胜
首批栽培年份：2012年
葡萄园总面积：65亩
栽培葡萄品种：赤霞珠、美乐、马瑟兰

酿酒概况

酿酒师：路吉胜
首款酒酿造年份：2012年
葡萄酒年产量：2.6万瓶
产品类型：干红
品牌系列：昊苑宝石红、知之、倾之、颂之

推荐酒款

酒款名称：宝实·颂之赤霞珠干红葡萄酒
推荐年份：2018年
葡萄品种：赤霞珠
产品类型：干红
酿造工艺：橡木桶陈酿12个月
品鉴词：呈深宝石红色，香气浓郁，具有李子、黑樱桃、黑莓、蓝莓、黑胡椒、烟草等香气，酒体丰满优雅，口味醇厚丝滑，余味深邃悠长。
荣誉奖项：2022中国（宁夏）贺兰山东麓国际葡萄酒大赛大金奖

宝实酒庄：
以匠人精神，酿酒中宝石

宝实酒庄是一座小而美的中式酒庄，酒庄建筑采用中国传统的红砖筑成，部分建筑通过青砖与卵石的结合点缀，精心打理的庭院处处透露着精致。

宝实酒庄的葡萄园管理尤为精细，酒庄会根据不同葡萄品种的特性以及葡萄园所处的地形采取不同的措施。每年7月下旬，酿酒师路吉胜带领工作人员将葡萄园中的砾石用铁耙子归集到葡萄树下，利用石头吸收热量反射阳光的原理增加葡萄的成熟度。这种细致的操作所付出的辛劳是不可想象的。从葡萄原料种植到采摘、压榨、陈酿，从发酵温度的控制到橡木桶陈放的时间……酒庄关注每一个细节，践行"人秉诚，酒方醇"的酒庄文化，精益求精，宝实酒庄真正做到以匠人之心酿造酒中宝石。

开福酒庄
Chateau Xixia Kaifu

樊建忠
宁夏银川市西夏区北京西路西夏广场加油站东入口30米

葡萄园概况
首批栽培年份：2011年
葡萄园总面积：96亩
栽培葡萄品种：赤霞珠、美乐、玫瑰香

酿酒概况
酿酒师：樊昊晟
首款酒酿造年份：2012年
葡萄酒年产量：10万瓶
产品类型：干红
品牌系列：开福亦香

推荐酒款
酒款名称：开福亦香窖藏赤霞珠干红
推荐年份：2016年
葡萄品种：赤霞珠
产品类型：干红
酿酒工艺：橡木桶陈酿12个月
品鉴词：呈深宝石红色，酒体饱满圆润，黑色水果香馥郁，优雅的橡木香突出，回味悠长。

开福酒庄：
流淌在葡萄酒中的福文化

"彼于致福者，未数数然也。"

"福"字在甲骨文中形如"两手捧酒浇于祭台之上"，是古代祭祀的详细写照，意义在于用美酒祭神，祈求来年这片土地风调雨顺，获得丰收，阖家幸福。酒庄取名"开福"，既是对中国传统文化的传承，也是对酒庄融入福气满满的美好愿景。"福"字拆开来看，是"一口田，衣禄全"，有衣服穿，有一口田，能吃饱饭就是福气了。而拥有一片得上天眷顾、福气满满的葡萄园，看到来喝葡萄酒的人们生活幸福美满，大概就是开福酒庄庄主樊建忠所定义的"福"。

在2011年宁夏的一次招商引资会上，庄主樊建忠作为一名葡萄酒爱好者，抓住了这次机会，举家来到宁夏贺兰山东麓产区建设酒庄。从此一家人便扎根在了这片土地。

酒庄将福气的美好寓意深深地融入酿造的葡萄酒中。"开福亦香"系列酒款的酒标和包装设计融入了中国传统文化元素，颇具中国复古风味，福气满满，赋予了葡萄酒集聚福气、吉祥如意的美好寓意，将"福"文化更好地传达给更多的人。

金弗蘭

金弗兰酒庄
Jinfulan Winery

高万荣
宁夏银川市西夏区沿山公路套门沟
宁夏贺兰山农牧场九队

 葡萄园概况

栽培师：董韶亮
首批栽培年份：2000年
葡萄园总面积：300亩
栽培葡萄品种：赤霞珠、美乐

 酿酒概况

酿酒师：[法]彦·奥利威（Yann Olivier）
首款酒酿造年份：2013年
葡萄酒年产量：6万瓶
产品类型：干红
品牌系列：圣威兰、威兰尼诺、云麓

 推荐酒款

酒款名称：圣威兰橡木桶窖藏赤霞珠干红葡萄酒
推荐年份：2019年
葡萄品种：赤霞珠、美乐
产品类型：干红
酿造工艺：橡木桶陈酿12个月
品 鉴 词：呈宝石红色，浓郁的黑莓、黑加仑等黑色水果的香气，入口优雅丰腴，单宁细腻，酒体平衡，更有黑巧克力、奶油、香草等复杂香气。
荣誉奖项：2021品醇客世界葡萄酒大赛（Decanter World Wine Awards）银奖

金弗兰酒庄

金弗兰的庄主是宁夏建设规划领域的专家，中国最大的移民区红寺堡就是由他规划设计。酒庄的产量不高，几乎都在庄主的好友圈中销售。酒庄的葡萄园建于2000年，是宁夏贺兰山东麓产区树龄较长的葡萄园之一，之前主要是给周边的酒庄供应原料，2013年才开始自主酿造。

金弗兰是宁夏第一个采用粒选工艺，第一个采用整粒发酵，第一个使用锥形罐和双向智能温控系统的酒庄。金弗兰的葡萄酒有着非常显著的特点：拥有极为细腻的单宁和优雅而平衡的酒体，这和宁夏大多数酒庄追求强壮结实的单宁和宏大的酒体不同。金弗兰酒庄一共三款酒，所有的酒款都会在橡木桶中陈年，是三款别具特色的干红葡萄酒。

贺兰亭酒庄
Helanting Winery

———

张婷婷
宁夏银川市西夏区新小线9.6公里里程碑
北林带边

葡萄园概况

栽培师：龚有发
首批栽培年份：2010年
葡萄园总面积：1000亩
栽培葡萄品种：赤霞珠、美乐、马瑟兰

酿酒概况

酿酒师：魏永升
首款酒酿造年份：2013年
葡萄酒年产量：73万瓶
产品类型：干红、桃红、白兰地、冰酒
品牌系列：贺澜亭、勤韵、亿点

推荐酒款

酒款名称：贺澜亭窖藏美乐干红葡萄酒
推荐年份：2013年
葡萄品种：美乐
产品类型：干红
品 鉴 词：口感丝绸般顺滑，具有丰厚甘美且丰富多彩的水果味。

贺兰亭酒庄　Helanting Winery

贺兰亭酒庄：
在海拔1111米的地方畅叙幽情

贺兰亭酒庄是贺兰山下的一家精品小酒庄，"在宁夏待久了，对贺兰山和葡萄酒都特别有感情"，酒庄创始人蔡晓勤女士给酒庄起名为"贺兰亭"，借《兰亭集序》中与友人雅集、筋咏赏景的情景体现酒庄向往朴素自然的理念，也希望酒庄能如诗中描述的那样，无车马之喧，无闹市之扰，只有悠然自得，恬淡闲适。

蔡晓勤女士是原宁夏西夏王葡萄酒集团公司董事长，是个不折不扣的女强人，其女儿张婷婷从小在她的熏陶之下，对葡萄酒有特殊的感情。张婷婷大学毕业后在日本岩之原葡萄酒株式会社系统学习，之后回到宁夏在母亲的帮助下开始运营酒庄。酒庄自有品牌"勤韵"便是源于创始人蔡晓勤的名字。

九月兰山酒庄
Chateau September

李志宏
宁夏银川市西夏区西夏广场西侧800米处

葡萄园概况

首批栽培年份：2009年
葡萄园总面积：300亩
栽培葡萄品种：赤霞珠、美乐、蛇龙珠、西拉、霞多丽、小味儿多

酿酒概况

酿酒师：高玉洁
首款酒酿造年份：2010年
葡萄酒年产量：7万瓶
产品类型：干红、干白、桃红
品牌系列：兰山玉卓

推荐酒款

酒款名称：九月兰山风土的表达者小味尔多干红葡萄酒
推荐年份：2020年
葡萄品种：小味儿多
产品类型：干红
酿酒工艺：橡木桶陈酿
品鉴词：入口后草莓、蓝莓的香气尤为突出，整体花果香馥郁，果汁感强，风格优雅细腻、口感流畅丝滑。空杯持久留香，是一款新鲜优雅的单一品种小味儿多葡萄酒。

九月兰山酒庄：
九月兰山，收获喜悦

九月兰山酒庄是2009年初由李志宏女士创立，这是一个家族式酒庄。李志宏起初抱着退休后有个地儿可以和朋友、家人喝喝葡萄酒小聚的初衷涉足葡萄酒行业。从老两口的兴趣爱好到现在的一家人共同经营，父母负责种植，学习CAFA（法国CAFA葡萄酒&烈酒学院）的大女儿高玉蕊及其爱人尤成栋负责市场和销售，学习酿酒的二女儿高玉洁负责酿酒，一家人其乐融融。他们深爱着这片土地，爱着葡萄酒，爱着这里的一草一木，爱着彼此……他们也用自己的方式在这片土地上精耕细作，理解和尊重这片"风土"，无论多么艰苦，他们一家人脸上都洋溢着真诚和灿烂的笑容。

九月兰山酒庄的葡萄酒品牌——"兰山玉卓"源于元代诗人贡师泰一首赞美贺兰山的诗："太阴为峰雪为瀑，万里西来一方玉，使君坐对兰山图，不数江南众山绿"。

将生机埋在土里，
在砾石上汲取营养，储存力量。

吮吸大地的恩赐，
做有温度的葡萄酒。

高玉蕊

东麓缘酒庄
Chateau Dongluyuan

朱荣举
宁夏银川市西夏区镇北堡镇
镇苏路2公里处

葡萄园概况

栽培师：朱荣举
首批栽培年份：2010年
葡萄园总面积：360亩
栽培葡萄品种：赤霞珠、蛇龙珠、美乐、马瑟兰

酿酒概况

酿酒师：朱荣举
首款酒酿造年份：2013年
葡萄酒年产量：5万瓶
产品类型：干红、桃红
品牌系列：东麓缘、优嘉、兰山情

推荐酒款

酒款名称：东麓缘·创赤霞珠干红葡萄酒
推荐年份：2016年
葡萄品种：赤霞珠
产品类型：干红
品 鉴 词：呈宝石红色、紫色，酒体丰满醇厚，口感强劲，具有浓郁的黑色浆果的香气和优雅的橡木香，回味绵长。

东麓缘酒庄

"筚路蓝缕，以启山林。"

东麓缘酒庄建庄于2007年，但是庄主朱荣举和葡萄酒的缘分却要从2001年说起。朱荣举曾在葡萄酒企业工作了三年，期间他基本了解了葡萄种植和葡萄酒生产、销售等工作，正是这份工作启蒙了他，于是在他离职后便开设公司从事葡萄酒销售，后来逐渐建立了自己的东麓缘酒庄。

酒庄的建筑风格类似四合院，看起来十分温馨：庄主朱荣举在院里种了一些花，有一些鹅在酒庄的小湖边悠游自在，安逸的氛围下酒庄的酿造管理工作也十分惬意和井然有序。"东麓缘"三个字蕴含了庄主对宁夏贺兰山东麓深深的情谊。"天赐宝地贺兰山，葡萄美酒东麓缘。"一句朴实无华的话，也表达了一个踏踏实实的庄主对贺兰山的崇敬和对自己酒庄的期盼。

酒庄最经典的酒款"创"是精选15年以上树龄的葡萄进行发酵酿造的，表达贺兰山东麓产区葡萄酒人开垦和创业的精神。

贺兰珍堡酒庄
Chateau Helan Zhenbao

李健鑫
宁夏银川市西夏区镇北堡镇德林村北侧

 葡萄园概况

栽培师：蒋旭东
首批栽培年份：2010年
葡萄园总面积：600亩
栽培葡萄品种：赤霞珠、美乐、黑比诺、霞多丽、西拉、马瑟兰

 酿酒概况

酿酒师：蒋旭东
首款酒酿造年份：2012年
葡萄酒年产量：20万瓶
产品类型：干红、干白、半甜白
品牌系列：贺兰珍堡

推荐酒款

酒款名称：贺兰珍堡马瑟兰干红葡萄酒
推荐年份：2019年
葡萄品种：马瑟兰
产品类型：干红
品 鉴 词：呈深宝石红色，香气以黑莓、李子干、覆盆子为主，伴有橡木香气，口感清新，生动圆润而柔滑，单宁坚实而成熟，余味悠长。
荣誉奖项：2023"一带一路"国际葡萄酒大赛金奖

贺兰珍堡酒庄：
造化钟神秀，倚山望葡园

贺兰珍堡酒庄于2010年建立，由中皓德大地产集团投资，整个酒庄是一座气势磅礴的欧式建筑，葡萄园环绕四周，在贺兰山的背景下显得无比壮美。

酒庄践行"崇尚自然，精心酿造"的运营理念，为了酿造出体现贺兰山东麓产区风土特色的葡萄酒，酒庄的600亩葡萄园均按照有机种植的要求严格管理。贺兰珍堡酒庄承诺每一瓶葡萄酒都是酒庄酒。优越的地理位置、无公害的种植理念、科学的管理模式、独特的酿造工艺、先进的进口设备以及私人定制化的服务，都确保了贺兰珍堡的精细化管理，倾尽全力只为酿造一瓶好葡萄酒。

米擒酒庄
Chateau Miqin

三级庄

郑小龙

宁夏银川市西夏区北京西路1496号

葡萄园概况

栽培师：陈广
首批栽培年份：2012年
葡萄园总面积：720亩
栽培葡萄品种：赤霞珠、美乐、马瑟兰、马尔贝克、西拉

酿酒概况

酿酒师：卢新军
首款酒酿造年份：2014年
葡萄酒年产量：22万瓶
产品类型：干红、半甜白、半甜桃红
品牌系列：米擒

推荐酒款

酒款名称：米擒·橡木桶珍藏干红葡萄酒
推荐年份：2020年
葡萄品种：赤霞珠
产品类型：干红
酿造工艺：橡木桶陈酿18个月
品 鉴 词：呈宝石红色，散发着年轻的黑醋栗、黑莓、咖啡和香料的香气，伴随着集中浓郁的水果味。入口圆润，单宁丝滑细腻，结构紧凑而饱满，回味甘甜而悠长。
荣誉奖项：2021德国柏林葡萄酒大赛（Berliner Wein Trophy）金奖

米擒酒庄　Chateau Miqin

米擒酒庄

米擒酒庄位于宁夏西夏风情园旅游景区内，是由澳海集团控股西夏风情园投资建设的一家具有西夏建筑风格的精品旅游型葡萄酒庄。

何谓米擒，史书曾记载"米擒氏，性豪爽，喜饮酒，善酿酒"，米擒是西夏古国八大党项部落之一，"米擒"二字便是因这喜饮善酿的部落而得名。每一个酒庄都有自己的故事，米擒酒庄酿造着最接地气的葡萄酒，也讲述着属于勤劳淳朴酿酒人的故事。

米擒酒庄是产区将葡萄酒与旅游结合最紧密的酒庄之一，酒庄每年都会接待来自全国各地的旅游游客、葡萄酒爱好者，在这里不仅可以观赏美景，还可以感受葡萄酒文化的魅力。

兰贝酒庄
Lanbei Winery

———

宋静
宁夏银川市西夏区镇北堡镇昊苑村

 葡萄园概况

栽培师：李磊
首批栽培年份：2010年
葡萄园总面积：203亩
栽培葡萄品种：赤霞珠、露淼、鸿淼

 酿酒概况

酿酒师：杨伟民
首款酒酿造年份：2014年
葡萄酒年产量：1万瓶
产品类型：干红、桃红
品牌系列：兰贝庄园、代兰贝、滋淼、露淼、鸿淼

 推荐酒款

酒款名称：代兰贝赤霞珠干红葡萄酒
推荐年份：2017年
葡萄品种：赤霞珠
产品类型：干红
酿酒工艺：橡木桶陈酿12个月
品　鉴　词：呈深宝石红色，有浓郁的橡木、黑色浆果及香料香气。入口柔滑，口感复杂，单宁丰富，酒体平衡，回味长。

动摇风景丽
盖覆庭院深

兰贝酒庄：寻一座中式庭园，观雨望山

"动摇风景丽，盖覆庭院深。"

兰贝酒庄的名称源于对贺兰山的钟情，酒庄成立于2011年，仅有203亩葡萄园，却成为了一座独立于"市外"的静谧之地。几经辗转，就能看到一座具有江南气息的庭院，那就是兰贝酒庄。

酒庄的设计包含着对中国文化的向往和对自然的喜爱。院内小路由整齐的砖瓦铺成，左右均种有树木、灌木和鲜花等，再往里走就能看到右手边一处人工湖，又有一小亭立于其上。酒庄的主体建筑也十分具有文化特色，墙体由石头堆砌而成，其中又包含一些细节的巧妙设计。

这样一座中式酒庄在酿酒方面也不含糊，酒庄虽小，设施俱全，酒窖深入地下8米。并且兰贝酒庄是宁夏贺兰山东麓最早一批探索新型微透氧陈酿设备的酒庄，在陈酿方面颇有自己的想法和理念。

铖铖酒庄
Chateau Chengcheng

三级庄

张铖

宁夏银川市西夏区镇北堡镇昊苑村二组

 葡萄园概况

首批栽培年份：2009年
葡萄园总面积：600亩
栽培葡萄品种：80%赤霞珠、20%美乐

 酿酒概况

酿酒师：张铖
首款酒酿造年份：2012年
葡萄酒年产量：6万瓶
产品类型：干红
品牌系列：静嘉、逸圃、甄歌

 推荐酒款

酒款名称：静嘉干红葡萄酒
推荐年份：2013年
葡萄品种：75%赤霞珠、25%美乐
产品类型：干红
酿酒工艺：橡木桶陈酿18个月
品　鉴　词：呈宝石红色，具有浓郁的黑色浆果香气，优雅的紫罗兰花香和雪松香气以及天然香料和黑巧克力的香气。结构紧致，酒体饱满。
荣誉奖项：2016德国柏林葡萄酒大赛（Berliner Wein Trophy）金奖

铖铖酒庄

铖铖酒庄的建筑是一栋古典风格的小楼，庭院不大，但是布置精巧，各式各样的拴马柱是酒庄的一大特色。走进酒庄，如同走进中式园林，但见亭台楼榭、花草相映、绿树怡人，石阶、石凳、石像错落有致……

酒庄的名字来源于庄主的名字"张铖"，这个帅气的85后庄主是宁夏贺兰山东麓产区最年轻的酒庄创始人之一，从一个服装设计师到转行进入一个陌生的行业经营酒庄，从头开始学习关于葡萄酒的一切，种植、酿造、市场营销……

铖铖酒庄是宁夏较早采取"厂字形"树形的酒庄，同时也是较早采用人工粒选的酒庄之一。酒庄的葡萄酒细致而拥有良好的结构，多次在各项赛事中获奖，由于铖铖酒庄的产品特别能体现宁夏的风土特色，曾被法国勃艮第葡萄酒学院选为教学用酒。酒庄的酒款"静嘉"是以张铖先生女儿的名字命名的，这款酒不仅是由张铖先生精心酿造，也倾注了他对女儿满满的爱意。

博纳佰馥酒庄
Domaine Des Arômes

孙淼
宁夏银川市北京西路1855号

葡萄园概况
首批栽培年份：2010年
葡萄园总面积：100亩
栽培葡萄品种：赤霞珠、霞多丽以及玛尔维萨、阿内斯、托凯·弗留利等罕见品种

酿酒概况
酿酒师：彭帅
首款酒酿造年份：2013年
葡萄酒年产量：1万瓶
产品类型：干红、干白
品牌系列：博纳佰馥、庄主大人

推荐酒款
酒款名称：博纳佰馥干红葡萄酒
推荐年份：2018年
葡萄品种：赤霞珠
产品类型：干红
酿酒工艺：人工采摘，手工分选两次，自然澄清，未过滤，法国橡木桶陈酿14个月
品 鉴 词：红宝石般透亮的颜色轻柔含蓄，鼻中的红果香气与口中的纯净感一起，展现出这款酒矜持中又具坚定的力量。橡木桶的烘烤感并不重，酸度与单宁的平衡支撑出骨架，并在回甘中不断加强此印象。

博纳佰馥酒庄

沿银川北京路一路向西,建筑逐渐稀少,一片低林中若非刻意找寻,差点错过孙淼和彭帅悉心照料的几块小田地。2010年,孙淼和彭帅怀揣着"酿出能表达一方风土的葡萄酒"的梦想,在宁夏贺兰山东麓开荒辟园、种下葡萄,建起了博纳佰馥酒庄。

博纳佰馥是一家采用"生物动力法"种植葡萄的酒庄。庄主彭帅和孙淼夫妇早年在法国求学,是一对非常默契的搭档。他们深受"生物动力法"的影响,认为应该帮助大自然恢复其本身的力量,从而实现健康、绿色、可循环的农业。为了让土壤呈现生机,他们甚至会特意购买蚯蚓。

从2013年开始,博纳佰馥开始进行"自然酒"的实践,不添加酵母、不添加亚硫酸和果胶酶、不下胶。这一批葡萄酒已经表现出了与众不同的特点。

酒庄目前出品两个系列,"博纳佰馥"和"庄主大人"。前者理性、克制,优雅;后者轻松、愉悦,活泼。酒标上的文字都由孙淼的父亲老藤书写,他认为"宣纸是书法艺术的载体,葡萄酒是自然表达的载体。"把二者结合,将当年葡萄酒的风格用不同的字体和书写方式来表达。

永宁
Yongning

永宁是宁夏葡萄酒产业的发源地,这里的酿酒葡萄最早种植于1982年,由宁夏农垦引进,从而开启了宁夏葡萄酒产业发展的序幕。永宁的葡萄园集中,拥有全产区最大的基地,主要分布在玉泉营、黄羊滩、闽宁镇、金沙林场以及沿山公路以西。

永宁东部和西部的土壤条件迥异,西部靠近贺兰山脚下的区域受贺兰山洪积扇的影响,土壤中多砾石,东部则大多是风沙土。不同的土壤环境在葡萄酒的风格上也有所体现,洪积砾石土壤会让葡萄酒的结构感更强,而沙地上的葡萄则风味更清新细腻。永宁的葡萄酒企业规模较大,拥有农垦、长城天赋、贺兰神这样的大型企业;外商投资的酩悦轩尼诗夏桐酒庄和保乐力加贺兰山酒庄也位于永宁地区。

宁夏农垦国宾酒庄
Chateau Ambassador of Ning Xia State Farm

周亮
宁夏银川市永宁县玉泉葡萄小镇

 葡萄园概况

栽培师：安容艳
首批栽培年份：1978年
葡萄园总面积：6.6万亩
栽培葡萄品种：赤霞珠、蛇龙珠、美乐、马瑟兰、霞多丽、贵人香

 酿酒概况

酿酒师：安容艳、王晓峰
首款酒酿造年份：1984年
葡萄酒年产量：6000万瓶
产品类型：干红、干白、利口酒、果露酒、饮料
品牌系列：开元1984系列、阳台系列、国宾系列

 推荐酒款

酒款名称：宁垦红马瑟兰干红葡萄酒
推荐年份：2023年
葡萄品种：马瑟兰
产品类型：干红
品 鉴 词：呈深紫红色，开瓶即有马瑟兰独有的勾人香气，夹杂玫瑰花瓣及红枣果香，单宁丝滑，香气浓郁，入口干净饱满，口感平衡。
荣誉奖项：2022中国优质葡萄酒挑战赛（新酒）"金藤奖"

宁夏农垦国宾酒庄：宁夏葡萄酒从这里开始

葡萄这种古老的藤蔓植物，若生于没有人的旷野，它可以肆意发出许多枝子，向四处自由蔓延，仅一棵葡萄树就足以占领以公顷为单位的土地。一棵种苗扎根与繁衍的生命力，正如宁夏产区的开始。

1982年引进酿酒葡萄，1983年组织职工到河北学习酿酒，1984年筹资建厂，1985年第一瓶葡萄酒"贺宏"上市……

宁夏农垦国宾酒庄是宁夏农垦集团所属国有企业，前身为宁夏农垦玉泉葡萄酒厂，是宁夏第一家葡萄酒企业，种植了第一株葡萄树，建立了第一片葡萄园，生产了宁夏第一瓶葡萄酒。

作为西北地区最早集葡萄种植、科研开发、酿造加工、产品销售和旅游开发为一体的葡萄产业综合实体，2002年，其被农业部等国家八部委确定为"农业产业化国家重点龙头企业"。

农垦国宾酒庄对宁夏贺兰山东麓产区的影响力，不仅在于其历史地位和生产规模，它还是宁夏酿酒师和种植师的摇篮，同时也诞生了一批优秀的管理者。现在这些人依然在为宁夏贺兰山东麓葡萄酒产区贡献力量。

宁夏农垦玉泉国际葡萄酒庄

Chateau Yuquan of Ning Xia State Farm

二级庄
白天华
宁夏银川市永宁县玉泉葡萄小镇

 葡萄园概况

栽培师：郭惠萍
首批栽培年份：2010年
葡萄园总面积：375亩
栽培葡萄品种：赤霞珠、蛇龙珠、马瑟兰、黑比诺、鲜食葡萄

 酿酒概况

酿酒师：白天华
首款酒酿造年份：2012年
葡萄酒年产量：30万瓶
产品类型：干红、干白
品牌系列：藤·奢藏、藤·典藏、大师级

 推荐酒款

酒款名称：藤·奢藏赤霞珠干红葡萄酒
推荐年份：2020年
栽培葡萄品种：赤霞珠、蛇龙珠
产品类型：干红
品 鉴 词：紫罗兰色调，清新的青草、草本植物香气与咖啡、香草、巧克力等陈酿香气融为一体，和谐醇香。具有丰富的层次感，单宁紧致有力，酒体圆润饱满，平衡，富有活力，余味悠长。
荣誉奖项：2020布鲁塞尔国际葡萄酒大赛（Concours Mondial de Bruxelles）金奖

宁夏农垦玉泉国际葡萄酒庄：
首个诗词主题葡萄酒庄

宁夏农垦玉泉国际葡萄酒庄位于玉泉葡萄小镇，为宁夏农垦集团旗下的精品酒庄。酒庄占地面积30000平方米，建筑面积8000平方米，葡萄园环绕，自然风景秀丽。酒庄巧妙地将宋代建筑风格和当地文化特色融为一体，整个建筑物以暗红、黄色和白色为主，颜色鲜明突出，让人感觉轻灵、秀逸。

酒庄是一座集葡萄种植、葡萄酒生产、观光旅游、休闲度假、世界葡萄酒文化展览、葡萄酒品评培训等多功能为一体的个性化中式酒庄。

近年来酒庄还提升改造推出了一系列精品旅游项目，以打造自然研学基地作为支点，结合中国传统文化推出首个诗词主题葡萄酒庄概念，推动酒庄旅游不断深化前行。

鹤泉酒庄
Chateau Hequan

五级庄
魏继武
宁夏银川市永宁县玉泉营农场场部

葡萄园概况

首批栽培年份：1994年
葡萄园总面积：600亩
栽培葡萄品种：赤霞珠、美乐、蛇龙珠、马瑟兰

酿酒概况

酿酒师：韩炳军
首款酒酿造年份：2002年
葡萄酒年产量：26万瓶
产品类型：干红、干白、白兰地
品牌系列：贺玉

推荐酒款

酒款名称：贺玉红宝石赤霞珠干红葡萄酒
推荐年份：2015年
葡萄品种：95%赤霞珠、5%蛇龙珠
产品类型：干红
酿酒工艺：橡木桶陈酿16个月
品鉴词：酒体呈深宝石红色，带有黑醋栗、胡椒、烟熏味和橡木烘烤香气，纯正优雅，入口饱满厚实，圆润平衡，余味悠长。
荣誉奖项：2018品醇客亚洲葡萄酒大赛（Decanter Asia Wine Awards）铜奖

鹤泉酒庄　Chateau Hequan

鹤泉酒庄：
做守护和见证产区前行的"老藤"

鹤泉酒庄是宁夏贺兰山东麓产区最早的葡萄酒庄之一，庄主魏继武曾是原宁夏农垦玉泉葡萄酒厂的第二任厂长。作为宁夏葡萄酒行业的老人，魏继武带领着酒庄成为宁夏葡萄酒行业的见证者，也是持续前行的参与者。魏继武人生的三十多年就这样投入到了葡萄酒产业，如今，闻着酒香长大的女儿魏霞也踏上了这条让父亲倾注心血的葡萄酒之路。

鹤泉酒庄拥有自己的酿酒哲学，不同于专业科班出身的学术派。鹤泉酒庄借着不短的年岁深深扎根于这片土地，凭借对农户葡萄的生长状况从始至终的了解，与农户结下默契的合作关系。在长时间的合作中，农户也深知酒庄对于葡萄品质的要求。酒庄并不会过度干预葡萄的管理，相信土地与葡萄存在着合理关系，中国人自古以来靠实践经验积累的智慧在这里得到良好的诠释。

酒庄的葡萄酒原料皆为难得的老藤，其中最高端的贺玉红宝石干红葡萄酒采用1996年的葡萄树，粗壮的葡萄根系深扎地下，让所酿之酒拥有细致的单宁、优雅的果香，以及矿物质的气息。

长和翡翠酒庄
Copower Jade Wines Limited

四级庄

张艳莉

宁夏银川市永宁县国营黄羊滩农场三号园区

葡萄园概况

栽培师：郭万柏
首批栽培年份：2013年
葡萄园总面积：1236亩
栽培葡萄品种：赤霞珠、美乐、黑比诺、品丽珠、马瑟兰、马尔贝克、霞多丽、小芒森、小味儿多、维欧尼、西拉、紫大夫

酿酒概况

酿酒师：周淑珍
首款酒酿造年份：2015年
葡萄酒年产量：50万瓶
产品类型：干红、干白、桃红、甜白
品牌系列：熔岩系列、长和翡翠系列、长和翡翠珍藏系列

推荐酒款

酒款名称：长和翡翠珍藏西拉干红葡萄酒
推荐年份：2019年
葡萄品种：西拉
产品类型：干红
酿酒工艺：橡木桶陈酿12个月，瓶储12个月
品　鉴　词：浓郁的黑色水果香气，混合着奶油、咖啡、巧克力、烟熏气息。入口饱满，丝滑柔美，酸度高，余味悠长。
荣誉奖项：2022布鲁塞尔国际葡萄酒大赛（Concours Mondial de Bruxelles）金奖
2022德国柏林葡萄酒大赛（Berliner Wein Trophy）金奖

长和翡翠酒庄

翡翠，天地灵气聚集之大器所成者也。

长和翡翠酒庄东依西夏水库，南面紧邻银巴公路，西面则以巍峨的贺兰山作为屏障和立体背景。酒庄周围簇拥着1236亩葡萄园，夕阳西下的余晖里散发出迷人的光彩。

"长和翡翠"品牌中的"长和"来自母公司长和实业集团，这是1996年庄主Lily女士与焦旭鼎先生创立的家族企业，象征着一种包容，带着天地融合的气场。"翡翠"则是山川之中具有灵性的精髓，玉石文化在中国源远流长，翡翠是其中耀眼的篇章。因为家族悠久的藏石历史，对他们的家庭文化、企业文化以及对生命的认知都发生了潜移默化的影响，使他们拥有了带着强烈敬畏心的自我认知，这构成了做长和翡翠酒庄的基本价值，也传递着敬畏土地、尊重土地、回报土地的信念。酒庄标志原型为家族珍藏的翡翠龙形雕件，经设计师设计，龙纹变得亲切可人，成为品牌的基本元素。

酒庄长达136米的单体建筑，就像是耸立在贺兰山下广袤平原当中的一块巨石，而这样的设计理念来自被称为土地之母的澳大利亚乌鲁鲁巨石，酒庄在建成伊始获得"RVF2018年度最佳酒庄设计大奖"。酒庄简洁大气的外形下，拥有高雅精致的内部设计，每一处都颇具匠心，既满足参观旅游的需求，也按照酿酒工艺流程科学设计，美观之下不失实用性。

CHANDON

夏桐酒庄
DOMAINE CHANDON (NING XIA)
MOËT HENNESSY CO., LTD

宁夏银川市永宁县黄羊滩农场夏桐路1号

葡萄园概况

栽培师：刘世秋
首批栽培年份：2012年
葡萄园总面积：1020亩
栽培葡萄品种：霞多丽、黑比诺

酿酒概况

酿酒师：刘爱国
首款酒酿造年份：2012年
葡萄酒年产量：28万瓶
产品类型：Chandon Brut、Chandon Rosé、Chandon Red Xi、Chandon Garden Spritz
品牌系列：夏桐（CHANDON）

推荐酒款

酒款名称：夏桐传统工艺天然高泡葡萄酒 Chandon Brut
葡萄品种：70%霞多丽、30%黑比诺
产品类型：天然干型起泡酒
品 鉴 词：浅禾秆黄色中透着泛绿光泽，可以品尝到苹果、梨子、柑橘、杏仁和白花的馥郁清香。活泼的酸度和饼干般的奶油香气，回味悠长顺滑，为派对欢庆时增添气氛。
荣誉奖项：2022品醇客世界葡萄酒大赛（Decanter World Wine Awards）金奖
2019年"一带一路"国际葡萄酒大赛大金奖

夏桐酒庄：
中国首家生产高端起泡酒的酒庄

夏桐酒庄隶属于法国酩悦轩尼诗酒业集团，是LVMH集团的全球第六个轩尼诗夏桐酒庄。

夏桐酒庄是中国首家生产高端起泡酒的酒庄，也是一家将起泡葡萄酒作为主打产品的酒庄。酒庄种植的葡萄品种和酿造方式都遵照法国香槟区的传统，葡萄品种为霞多丽和黑比诺，手工采摘，带梗压榨，采用瓶中二次发酵法酿造，并且至少瓶储18个月才会上市销售。

夏桐从建庄以来，一直践行"由壤而生，永续共生"的可持续发展计划，把环境保护与可持续发展融入企业战略和运营决策中，达到可持续发展的目的。夏桐酒庄积极推行可持续行动，有效减少二氧化碳排放，逐步实现低碳、可持续的绿色酒庄发展之路。夏桐葡萄园积极推行"再生农业和生物多样性"可持续行动，通过葡萄园有机种植，减少机械耕作，精准节水灌溉，行间生草以及冬剪葡萄枝条堆肥还田等多项举措，保护葡萄园生态环境和生物多样性。

保乐力加贺兰山酒庄

Pernod Ricard (Ning Xia) Winemakers

三级庄
华民
宁夏银川市永宁县永黄路南侧

葡萄园概况

栽培师：梁飞
首批栽培年份：1997年
葡萄园总面积：2080.65亩
栽培葡萄品种：赤霞珠、美乐、霞多丽、马尔贝克、马瑟兰、西拉

酿酒概况

酿酒师：任彦伶
首款酒酿造年份：2012年
葡萄酒年产量：100万瓶
产品类型：干红、干白、桃红
品牌系列：贺兰山（经典、特选、珍藏、霄峰、霄峰凌顶）

推荐酒款

酒款名称：贺兰山霄峰赤霞珠干红葡萄酒
推荐年份：2019年
葡萄品种：88%赤霞珠，12%美乐
产品类型：干红
酿酒工艺：橡木桶陈酿26个月
品鉴词：呈带有紫色色调的深宝石红色，具有强烈的黑醋栗、黑莓和香辛料的香气，伴随着浓郁的摩卡咖啡、橡木风味。酒体丰满，单宁丝滑，余味悠长，具有杰出的陈年潜力。
荣誉奖项：2022布鲁塞尔国际葡萄酒大赛（Concours Mondial de Bruxelles）金奖

保乐力加贺兰山酒庄：
与风土为友，做高入云霄的山峰

保乐力加集团是全球葡萄酒和烈酒行业的巨头。2012年，保乐力加集团全资收购了成立于1997年的贺兰山酒庄，使其成为旗下新品牌，并成立保乐力加（宁夏）葡萄酒酿造有限公司。酒庄的葡萄开始种植于1997年，是宁夏贺兰山东麓产区树龄最长的葡萄园之一。

依托集团强大的渠道能力和品牌运营能力，公司很短的时间就将"贺兰山"打造为中国葡萄酒中的知名品牌。"霄峰"系列酒款作为酒庄的"扛鼎之作"，精心挑选20年树龄的老藤葡萄，"霄峰"干红年产量仅有13000瓶，"霄峰"干白则全部在橡木桶中发酵，拥有饱满的酒体和复杂的香气，仅在好年份作限量生产。"贺兰山"系列产品在8个国家与地区的葡萄酒专业比赛中获得超过400个奖项，备受国内外认可。值得一提的是，酒庄各种系列的产品都拥有相当合理的价格，从而具备了非常高的性价比。

"葡萄酒讲究自己的风土和风格，'贺兰山'要做具有当地特色的酒，而这一切正是从宁夏的风土中而来。"这句话是保乐力加贺兰山酒庄总经理华民的心声，也是酒庄想要通过产品体现中国特色和高品质的初心。

巴格斯酒庄
Chateau Bacchus

二级庄

王彦辉

宁夏银川市永宁县玉泉营农场一队

葡萄园概况

栽培师：许泽华
首批栽培年份：1999年
葡萄园总面积：1900亩
栽培葡萄品种：赤霞珠、蛇龙珠、黑比诺、美乐

酿酒概况

酿酒师：吴秀勇
首款酒酿造年份：2006年
葡萄酒年产量：20万瓶
产品类型：干红
品牌系列：巴格斯佳境、巴格斯意境、巴格斯梦境、巴格斯巴卡娜

推荐酒款

酒款名称：巴格斯梦境干红葡萄酒
推荐年份：2020年
葡萄品种：赤霞珠
产品类型：干红
酿酒工艺：橡木桶陈酿18个月
品　鉴　词：呈深宝石红色，有成熟的浆果香气和少许果酱、松露香气，酸度中高，单宁强劲细腻，余味悠长。

巴格斯酒庄　　Chateau Bacchus

巴格斯酒庄：
轻舞翩翩，贺兰山下独具艺术气质的酒庄

"巴格斯"为古罗马酒神的名字，其悠久的历史传说伴随着巴格斯醉美国际酒庄的诞生。

这是中国第一家AAA旅游景区酒庄，欧式风格建筑的陈设，处处洋溢着艺术的气息。酒庄有华丽的音乐大厅、美妙的喷泉广场和配有钢琴演奏的商务中心，如优雅的交响乐团，处处透着浪漫与优雅，轻舞翩翩绕百年。

庄主王彦辉热爱艺术，将酒庄与生活融为一体，从建庄之初就对自己许诺——打造"一个酒庄就是一个传奇"的葡萄庄园之梦。

巴格斯葡萄酒文化传播乐团是国内第一支由葡萄酒庄发起成立的葡萄酒文化传播乐团，多次在国内大型比赛中荣获大奖。每年5月至11月是酒庄的"音乐季"，在酒庄金色音乐大厅举行盛装音乐会。巴格斯国际标准舞俱乐部作为国内首个由葡萄酒庄发起并运营的国际标准舞俱乐部，促进了葡萄酒文化与国标舞艺术的融合。

新慧彬酒庄
Xinhuibin Winery

五级庄

冷兴慧

宁夏银川市永宁县黄羊滩农场南二支二斗北处

葡萄园概况

栽培师：姚志忠
首批栽培年份：1997年
葡萄园总面积：2000亩
栽培葡萄品种：赤霞珠、品丽珠、黑比诺、蛇龙珠、美乐、西拉、马瑟兰

酿酒概况

酿酒师：王平来
首款酒酿造年份：2016年
葡萄酒年产量：13~15万瓶
产品类型：干红、干白
品牌系列：尚颂堡（Chateau Chanson）

推荐酒款

酒款名称：尚颂堡马瑟兰干红葡萄酒
推荐年份：2018年
葡萄品种：马瑟兰
产品类型：干红
品　鉴　词：颜色深邃，酒体圆润，单宁细致，馥郁的花香中夹杂着巧克力、香草以及烤坚果的气息，余味悠长。
荣誉奖项：2021AWSA亚洲侍酒师-中国葡萄酒&烈酒大赏金奖

新慧彬酒庄：
21年磨一剑，专注品质精益求精

2015年，一座由日本设计师操刀设计的酒庄在玉泉营建立起来。酒庄的建筑低调雅致，时尚与环保理念并行，是宁夏贺兰山东麓产区十分特别的酒庄。酒庄用优质黏土高温烧制的陶土砖做外墙保温，将古朴的韵味与自然景观融为一体。

庄主冷兴慧是个精益求精的人。自1997年开始建园，为了酒庄葡萄园的生态完整性和酒庄生产的高标准化，酒庄建设陆续投资亿元以上。他用21年的坚守和沉淀，在2018年底推出首支葡萄酒，取名"尚颂堡"，老藤赋予了这款产品独特的香气和丰富的口感，一经亮相，好评不断，在国内外大奖赛中屡获殊荣。

"尚颂"源自法语"Chanson"一词，意为歌曲、小调，品牌理念源自对美酒和音乐的深刻领悟。不论是音乐爱好者还是葡萄酒爱好者，在品尝每一款酒时，不同曲调的旋律跃然酒标之上，仿佛味蕾之上跳动的音符，浅尝者得其形制，深谙者赏其精髓。

立兰酒庄
Lilan Winery

二级庄
左新会
宁夏银川市永宁县闽宁镇原隆村

葡萄园概况
首批栽培年份：2010年
葡萄园总面积：1600亩
栽培葡萄品种：赤霞珠、美乐、霞多丽、西拉、马瑟兰

酿酒概况
酿酒师：左瀛
首款酒酿造年份：2012年
葡萄酒年产量：40万瓶
产品类型：干红、干白
品牌系列：览翠、贺兰石

推荐酒款
酒款名称：览翠特级园干红葡萄酒
推荐年份：2020年
葡萄品种：80%赤霞珠、20%美乐
产品类型：干红
酿酒工艺：橡木桶陈酿18个月
品鉴词：呈深紫红色，散发着黑莓、紫罗兰的芳香，酒体饱满，口感柔顺，回味绵长。
荣誉奖项：2018德国柏林葡萄酒大赛（Berliner Wein Trophy）金奖
2023德国柏林葡萄酒大赛（Berliner Wein Trophy）大金奖

立兰酒庄：
立足贺兰，览天下之翠

立兰，立足于贺兰山；立兰"览翠"，则有着站在高处看风景的意思。"立兰"暗含了对贺兰山东麓自然生态的敬畏与尊重，立志于贺兰山的豪情和对未来的期许和信心。去过立兰酒庄的人，一定会记住墙上那段话，"酒庄的灵魂是酒，酒的灵魂是土地，土地的灵魂是人"，也一定会被酒庄的细心、认真和精益求精所打动。

立兰是一个非常注重细节的酒庄，从一尘不染的车间和酒窖就能看到酒庄日常工作的精细程度；酒庄的葡萄园是用卫星定位系统确定株距和行距，所以异常整齐。为了让灌溉的水深入土壤，引导葡萄根系下扎，葡萄园在七月以前每次滴灌时间都达到12小时，七月之后逐渐减少滴水量，更有利于葡萄的风味浓缩。

酒庄是较早采用锥形发酵罐和自然重力法，第一批使用粒选设备和双向温控系统的酒庄，凡是能够在细节上对葡萄酒进行控制的方案，酒庄都会积极去实践。

《山海情》镜头下闽宁镇的变迁，有立兰酒庄的影子。酒庄帮助闽宁镇原隆村许多村民摘掉了贫困的帽子，对缺乏专业技术的村民展开培训，使他们转变为葡萄酒产业实用型人才。

长城天赋酒庄
Chateau Greatwall Terroir

四级庄

都振江

宁夏银川市永宁县银巴路北侧云漠路1号

葡萄园概况

栽培师：梁国伟

首批栽培年份：2010年

葡萄园总面积：5000亩

栽培葡萄品种：赤霞珠、马瑟兰、丹菲特、美乐、品丽珠、黑比诺

酿酒概况

酿酒师：商华

首款酒酿造年份：2005年

葡萄酒年产量：260万瓶

产品类型：干红、干白、桃红

品牌系列：长城天赋、大漠、云漠系列

推荐酒款

酒款名称：天赋酒庄赤霞珠干红葡萄酒

推荐年份：2019年

葡萄品种：赤霞珠

产品类型：干红

酿酒工艺：重力酿造、低温浸皮、控温发酵、橡木桶陈酿

品 鉴 词：呈宝石红色，成熟的黑色浆果配合橡木桶带来的奶油、香草的气息。酒体优雅平衡，单宁细致紧实，并夹杂着贺兰山东麓产区特有的矿物风味。

荣誉奖项：2020布鲁塞尔国际葡萄酒大赛（Concowrs Mondial de Bruxelles）大金奖

长城天赋酒庄：
"有天赋，敢追梦"

天赋，得自天地恩赐，尽承天韵灵性。

长城天赋酒庄建设在贺兰山下一片从未开垦的洪积扇荒原上，相较于贺兰山东麓产区其他以沙壤土为主的葡萄基地，这里的土壤中暗藏着更多砾石，矿物质含量更为丰富。现代风格的建筑主体以贺兰山脉走势设计，利用了割裂分离的建筑立面，在不同角度营造不同的视觉冲击力，和戈壁荒滩的环境特点完美贴合。

砾石遍地、荆棘丛生的天赋葡萄园，被一片片开垦。本着尊重原产地独特风土条件的初心，酒庄依凭特定的小产区微气候环境与自然条件，寻求细微差异，诠释不同葡萄品种的风格。严格划分与管理葡萄园地块，保证产品高质量与稳定性。葡萄酒采用柔性压榨、重力酿造的先进工艺，能更好地保留葡萄酒原始的香气与口感。天赋酒庄得天独厚的风土优势，配合卓越的酿酒技艺和严格标准，酿造的葡萄酒具备"甘润平衡"的特色，是对国人葡萄酒口味完美的表达。

百事活法塞特庄园
BAASWOOD FARSIGHT VINEYARD

四级庄

丁洁杨

宁夏银川市永宁县黄羊滩农场南二支二斗北处

葡萄园概况

栽培师：吴立
首批栽培年份：1998年
葡萄园总面积：2680亩
栽培葡萄品种：赤霞珠、美乐、蛇龙珠、马瑟兰、西拉、小味儿多

酿酒概况

酿酒师：罗耀文、刘宗芳
首款酒酿造年份：2005年
葡萄酒年产量：26万瓶
产品类型：干红、干白、桃红
品牌系列：法塞特、黄羊滩、贺兰鹰、漠菲

推荐酒款

酒款名称：百事活有机赤霞珠美乐红葡萄酒
推荐年份：2015年
葡萄品种：赤霞殊、美乐
产品类型：干红
酿酒工艺：延迟采收，橡木桶陈酿
品鉴词：呈宝石红色，饱满浓郁的黑李子、黑樱桃等水果香气间带有丝丝成熟莓果气息，与香料、可可等橡木风味融合，复杂且有层次感，甜美的黑莓、樱桃风味又与柔和顺滑的单宁相互平衡，余味悠长。

百事活法塞特庄园

庄园始建于1998年，位于贺兰山东麓葡萄酒的发源地黄羊滩农场，离首府银川市仅30千米，是中国仅有的老藤超过二十年的葡萄园之一。酒庄拥有3000亩优质酿酒葡萄园，全部采取有机种植。现有赤霞珠、美乐、蛇龙珠、马瑟兰、小味儿多、西拉等酿酒葡萄品种，葡萄树龄最长的已达25年。2013年取得种植和酿造"双有机认证证书"，是宁夏首批获得双有机认证的企业。

依托自有酿酒葡萄种植基地的长树龄、有机种植、限产提质等产业积淀，在采用传统酿造工艺的基础上，酒庄逐步形成了"晚采"这一具有一定独特性和领先性的种植酿造工艺。酒庄自成立以来，先后获得国内外百余项大奖。酒庄酿造的2013有机晚采赤霞珠干红葡萄酒和2014有机晚采赤霞珠干红葡萄酒，在2016年世界有机葡萄酒大赛上以赛事历史最高分99分和97分，包揽冠亚军，呈现了中国葡萄酒在国际有机高端葡萄酒领域的精彩一幕。

公司生产的"百事活""法塞特""漠菲""贺兰鹰""农城"五个系列产品分别代表了公司中高端陈酿型和餐酒的不同档次，能满足不同层次消费者的多样需求。

类人首酒庄
Leirenshou Winery

四级庄

冯迎尊

宁夏银川市永宁县玉泉营农场

葡萄园概况

栽培师：蔡乾栋
首批栽培年份：2000年
葡萄园总面积：1200亩自有葡萄园+3500亩合作葡萄园
栽培葡萄品种：赤霞珠、美乐、蛇龙珠、霞多丽、西拉

酿酒概况

酿酒师：吴鸿福
首款酒酿造年份：2009年
葡萄酒年产量：100万瓶
产品类型：干红、干白、白兰地
品牌系列：L系列、R系列、S系列

推荐酒款

酒款名称：类人首R6美乐干红葡萄酒
推荐年份：2012年
葡萄品种：80%美乐、20%西拉
产品类型：干红
酿酒工艺：橡木桶陈酿12个月
品 鉴 词：酒体呈深邃的绛紫红色，香气馥郁，黑李子、黑醋栗等成熟的黑色水果果香混合甜果酱、烟熏、巧克力的浓郁气息。酒体复杂而平衡，余味持久。
荣誉奖项：2016品醇客世界葡萄酒大赛（Decanter World Wine Awards）铂金奖

类人首酒庄：
根源千年历史，古老图腾孕育的酒庄

类人首酒庄的庄主冯清在2009年接手这个酒庄，他具有非同一般的商业头脑，将酒庄的产品卖到了宁夏的大街小巷，在当地拥有极高的市场占有率。

酿酒师吴鸿福是一个常有奇思妙想的人，他研发出很多稀奇古怪的设备，比如仿照中国白酒的蒸馏设备制作出的葡萄皮渣蒸馏器，以及可以在分选台上吹走葡萄叶的强力风扇。他帮助酒庄在降低成本的情况下依然能够保持优异的品质使类人首的产品拥有十分优秀的性价比。

类人首酒庄的标志来自著名的贺兰山岩画中的太阳神形象。这个形象不仅在宁夏广为人知，给产品带来了极高的辨识度，而且还有美好的寓意，即太阳能够给予葡萄充分的成熟，是酿出一瓶好酒的根本所在。酒庄还将承载古老的文化融入葡萄酒标的设计之中，以太阳神俯瞰大地的视角，简笔勾勒出贺兰山脉、宁夏平原、类人首有机葡萄园等元素。

酒庄集国内外各大奖项于一身，R6美乐干红葡萄酒获2016年品醇客世界葡萄酒大赛的铂金大奖。

阳阳国际酒庄
Yangyang International Winery

四级庄

何宏

宁夏银川市永宁县农垦国营
玉泉营农场葡萄小镇东侧（荷花岛对面）

葡萄园概况

首批栽培年份：1994年
葡萄园总面积：900亩
栽培葡萄品种：赤霞珠、美乐、蛇龙珠、黑比诺

酿酒概况

酿酒师：张旭
首款酒酿造年份：2011年
葡萄酒年产量：74万瓶
产品类型：干红、干白、桃红
品牌系列：贺牌、贺尊、贺逸、宁菲、鹊梅

推荐酒款

酒款名称：贺牌·西拉干红葡萄酒
推荐年份：2018年
葡萄品种：西拉
产品类型：干红
品　鉴　词：酒体呈亮丽的深紫红色，有红树莓、樱桃的香气，入口优雅平衡，单宁细腻，酒体圆润饱满，回味悠长。

阳阳国际酒庄：
用百年成就根正苗红的"贺"牌

"西北天倾谁可扛，书生一醉气无双，只今莫问杯中事，块垒沉沉镇酒缸。"这是中国当代作家张贤亮赠予酒庄的一首诗，透露着庄主何宏做中国风酒庄的傲气。走进酒庄，醒目的中国红渲染着传承和文化，构思精巧，滴水藏海。葡萄藤长廊下把酒言欢，又透着"家"的气息，每一寸土地和每一阵微风，都是暖意和烟火气。

立志要做百年酒庄的何宏，坚持有机葡萄种植的新型种植园。也正因此，酒庄被日本葡萄酒评论家青山宗典一眼爱上，青山宗典成为首位出口宁夏贺兰山东麓葡萄酒到日本的推广者。

贺兰山东麓很多葡萄酒的名字都有"贺"字，但是真正注册商标"贺"牌的只有阳阳国际。酒庄将"贺"字拆解为"力""口""贝"，作为其他三款代表产品的名字，"口"字象征贺兰山脉，"贝"字象征流经宁夏的黄河水，"力"是贺兰山东麓的葡萄老藤，也寓意父辈奉献出力，为下一代积累精神财富。

兰轩酒庄
Domaine Lanxuan

丁丽

宁夏银川市永宁县玉泉营农场二号园

葡萄园概况

栽培师：徐国前
首批栽培年份：1998年
葡萄园总面积：300亩
栽培葡萄品种：赤霞珠、美乐、霞多丽、玫瑰香

酿酒概况

酿酒师：[法] 朱利安（Julien Belle）
首款酒酿造年份：2012年
葡萄酒年产量：3万瓶
产品类型：干红、干白、甜白、桃红
品牌系列：仙谷兰轩（手选级、珍藏级、特珍藏级）

推荐酒款

酒款名称：仙谷兰轩黑比诺特级珍藏干红葡萄酒
推荐年份：2013年
葡萄品种：黑比诺
产品类型：干红
品 鉴 词：呈宝石红色，具有成熟的树莓和燧石香气。入口结构细致绵长，单宁细腻圆润，后味是香甜的果味配以细腻的橡木味，回味悠长。
荣誉奖项：2018布鲁塞尔国际葡萄酒大赛（Concours Mondial de Bruxelles）金奖

兰轩酒庄：
认真经营的精品小酒庄，平凡中透着灵气

兰轩酒庄位于永宁县玉泉葡萄小镇，乍看会让人以为是个农家小院，但是这里有一座看似简单、普通却优质的精品小酒庄。

葡萄酒给人以柔美高雅的感觉，为了实现追求这样的质感，酒庄的每一颗葡萄都是经过手工粒选的上好的酿酒原料，所以酒庄产量并不高，只在小范围内销售。

兰轩酒庄专注于酿造中国精品酒庄酒，酿造既让消费者喜欢、同时又能体现产地特色的葡萄酒。酒庄主要产品为仙谷兰轩系列，产品第一次亮相就摘得两枚金奖，2014年份仙谷兰轩霞多丽干白葡萄酒获得2015年度布鲁塞尔国际葡萄酒大奖赛宁夏贺兰山东麓产区唯一一枚金奖，从而让兰轩酒庄成为颇受关注的酒庄之一。

郭公庄园
Guo Wine Manor

郭云文
宁夏银川市永宁县玉泉营农场

 葡萄园概况

栽培师：郭棚午
首批栽培年份：1996年
葡萄园总面积：50亩
栽培葡萄品种：赤霞珠

 酿酒概况

酿酒师：郭玉聪
首款酒酿造年份：2010年
葡萄酒年产量：6万瓶
产品类型：干红
品牌系列：郭公庄园

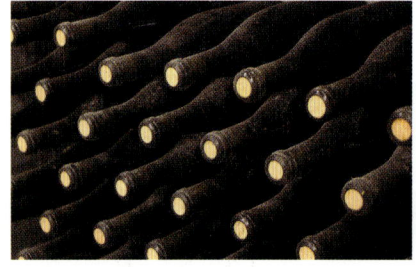

推荐酒款

酒款名称：郭公庄园干红葡萄酒
推荐年份：2013年
葡萄品种：85%赤霞珠、15%美乐
产品类型：干红
品鉴词：呈宝石红色，伴有浓郁的烟熏、香草、樱桃、胡椒香气。入口圆润，单宁饱满，口感持久并伴有浓郁的黑色水果香气，结构感比较强，后味持久。

郭公庄园

郭公庄园始建于1998年,葡萄基地于1996年种植,如今酒庄的管理权已经从第一代庄主郭顺有交到第二代庄主郭云文手中。

酒庄的建立源于国际著名葡萄与葡萄酒专家李华教授当年来宁夏产区的机缘与指点。1996年郭顺有将原有的种植啤酒大麦的园子改种酿酒葡萄。虽然没有专门学习过先进的酿酒技术,但是通过多年的摸索和20多个榨季的洗礼,郭家上到老人,下到孩童,都对酒庄的工作了然于胸,无论种植、酿造,还是庄园基础建设,一家老小配合默契。

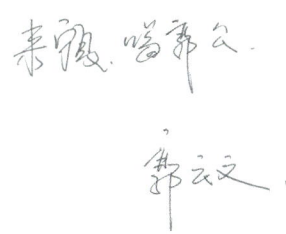

郭公庄园的葡萄园种植的皆为红葡萄品种,以自产葡萄为原料,严格控制酿造工艺,力求在每一个环节做到最佳,每年四月初便开始出土展藤,十月中晚采收葡萄,以延长葡萄生长期限,有效积累葡萄中的风味物质。在酿造方面,冷浸渍时间长,风格偏向陈酿型,酒款分为粒选和橡木桶陈酿,所有酒款陈年至少四年之后才会上市销售。

兰山骄子酒庄
L.S.Jiaozi Vineyard

王振莉
宁夏银川市永宁县玉泉营农场

 葡萄园概况

栽培师：王振平
首批栽培年份：2002年
葡萄园总面积：143亩
栽培葡萄品种：蛇龙珠、赤霞珠、美乐、西拉、马瑟兰

 酿酒概况

酿酒师：王振平
首款酒酿造年份：2013年
葡萄酒年产量：1.3万瓶
产品类型：干红
品牌系列：兰山骄子

推荐酒款

酒款名称：兰山骄子·酒庄珍藏赤霞珠干红葡萄酒
葡萄品种：赤霞珠
产品类型：干红
品　鉴　词：呈深宝石红色，黑色浆果的香气伴随香料及烟熏的气息，香气浓郁，单宁紧致，酒体丰满优雅，口感醇厚。

兰山骄子酒庄　　L.S.Jiaozi Vineyard

兰山骄子酒庄

兰山骄子酒庄的名字中,"兰山"取自贺兰山,贺兰山东麓为西部地区最优质,"骄子"寓意贺兰山东麓最优秀的葡萄酒。酒庄是一家集葡萄种植、葡萄酒酿造、葡萄与葡萄酒科研于一体的酒庄,主要作为科研及葡萄酒专业学生的实践教学基地,从种植到酿造每一个环节都会严格把控。

酒庄的灵魂人物王振平是葡萄种植学家,此酒庄主要用于科研及葡萄酒专业的学生实践教学。从气候和土壤对葡萄影响的研究,到不同葡萄架型在宁夏产区应对冬季埋土的对比研究,再到品种基因的追溯,都是这个酒庄的老师和学生的日常工作。

王振平作为宁夏很多酒庄的栽培顾问,根据宁夏特殊的气候和葡萄防寒埋土的要求,研究出倒"L"型的葡萄架型,这种架型被应用于许多酒庄的种植管理中。

贺 兰 红
He Lan Hong

贺兰红酒庄
Helanhong Winery

刘正

宁夏回族自治区银川市永宁县闽宁镇新镇区

葡萄园概况

栽培师：陈永
首批栽培年份：1998年
葡萄园总面积：3万亩
栽培葡萄品种：蛇龙珠、美乐、赤霞珠、马瑟兰

酿酒概况

酿酒师：梁百吉、鹿永亮
首款酒酿造年份：2020年
葡萄酒年产量：300万瓶
产品类型：干红、干白
品牌系列：贺兰红、贺小红

推荐酒款

酒款名称：贺兰红赤霞珠干红葡萄酒
推荐年份：2016年
葡萄品种：95%赤霞珠、5%马瑟兰
产品类型：干红
品鉴词：呈深红色，略带紫色光晕，混合有黑色浆果、黑色李子、美味的雪茄盒、香草和巧克力的香气，口感丰满，圆润柔和，回味悠长。

贺兰红酒庄

远观贺兰红酒庄外观气势恢宏，由空中俯瞰，32个橡木桶造型的酿酒车间环绕闽宁阁，地下酒窖、葡萄酒品鉴室、会议中心、下沉式广场等配套建筑独具匠心。

贺兰红酒庄是由宁夏贺兰山东麓葡萄酒产业园区管理委员会下属企业宁夏贺兰红酒庄有限公司投资建设，是宁夏葡萄酒大单品建设项目。2019年9月项目正式开工，经过一年紧张而忙碌的建设，完成了酒庄建设项目，并于2020年10月完成了酒庄首个榨季。

贺兰红酒庄建设项目是为了发挥产区资源禀赋优势，走绿色化、智能化、融合化发展之路。通过建立贺兰红酒庄和打造贺兰红"大单品"，旨在进一步打响品牌、开拓市场、树立文化，以此推动贺兰山东麓葡萄酒产业的整体发展，推动宁夏葡萄酒"当惊世界殊"。

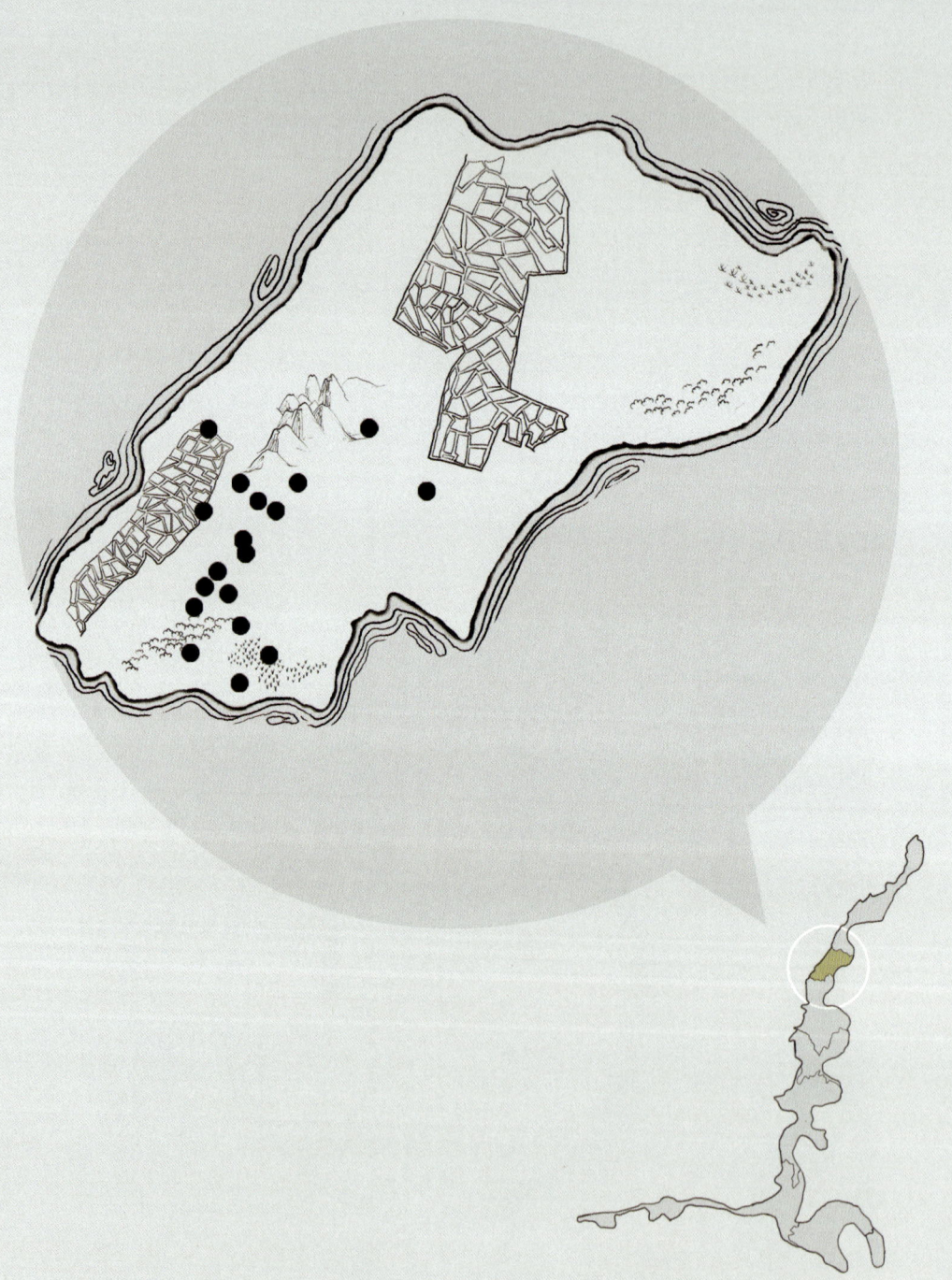

贺兰

Helan

贺兰位于银川市以北，主要的酒庄和葡萄园分布在贺兰山脚下。2012年批准成立的金山国际葡萄产业试验区是贺兰最重要的酿酒葡萄种植区域。贺兰大部分葡萄园的土壤砾石含量很高，最高可以达到70%。开垦时为了清除大块的砾石，贺兰的酒庄采用了多种方法，目前比较高效的办法是使用带筛斗的挖掘机来完成这一工作，虽然增加了成本，但是效果十分显著。筛出的石块往往集中堆积在一处，形成巨大的石头山。

 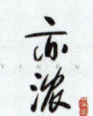

仁益源酒庄
Renyiyuan Winery

五级庄

王志东

宁夏银川市贺兰县金山国际葡萄产业园7号地

葡萄园概况

首批栽培年份：2012年

葡萄园总面积：3000亩

栽培葡萄品种：赤霞珠、美乐、马瑟兰、品丽珠、小味儿多、西拉、霞多丽、雷司令

酿酒概况

酿酒师：韩炳军

首款酒酿造年份：2019年

葡萄酒年产量：74万瓶

产品类型：干红、干白、桃红、利口酒

品牌系列：湖城珍珠、兰玺、画峰

推荐酒款

酒款名称：画峰·3556干红葡萄酒

推荐年份：2019年

葡萄品种：赤霞珠

产品类型：干红

品鉴词：呈深宝石红色，有黑色浆果如黑醋栗、黑李子、黑桑葚以及青椒、甘草、奶油、焦糖的香气，单宁柔和细腻，口感丝滑饱满。

荣誉奖项：2021布鲁塞尔国际葡萄酒大赛（Concours Mondial de Bruxelles）金奖

仁益源酒庄：
耕土耕心，酿酒酿人

仁益源，顾名思义，"仁"是初心，厚泽深仁；"益"有增长之意；"源"即山泉本也，众水始出为百源。酒庄以"仁、益、源"塑造企业文化价值核心，追求发展传世佳酿。

如果说良好的自然条件是酿造一瓶优质葡萄酒的基础，那么匠人精神则是给葡萄酒品质注入人文的灵魂。现在，酒庄有"画峰""兰玺""湖城珍珠"等葡萄酒品牌，从酝酿到诞生，每一款产品都经过反复打磨和精心雕琢。

为了种好每一株葡萄树，仁益源酒庄在每个环节都精益求精。占地3000亩的葡萄园按照每50亩为一个地块进行划分；为了保持葡萄的天然性，酒庄坚持只施用有机肥；在葡萄收获的季节，酒庄通过人工采摘，逐粒精选，确保每一瓶葡萄酒的纯正口感。

虎薇酒庄
Chateau Tigerose

薛丽娟
宁夏银川市贺兰县洪广镇金山村国际
葡萄产业试验区60号

葡萄园概况

栽培师：陈广
首批栽培年份：2015年
葡萄园总面积：300亩
栽培葡萄品种：赤霞珠、美乐、黑比诺、马瑟兰、霞多丽

酿酒概况

酿酒师：江涛
首款酒酿造年份：2020年
葡萄酒年产量：11万瓶
产品类型：干红
品牌系列：虎嗅蔷薇、金钥匙

推荐酒款

酒款名称：虎薇·金钥匙黑比诺干红葡萄酒
推荐年份：2021年
葡萄品种：黑比诺
产品类型：干红
酿酒工艺：橡木桶陈酿8个月
品　鉴　词：呈宝石红色，雅致的玫瑰芬芳混合树莓等红色水果香气，同时又散发出水果糖的奶香甜美气息，入口醇和丝滑，细腻平衡。
荣誉奖项：2021中国（宁夏）国际葡萄酒大赛银奖

虎薇酒庄：
行中庸之道，心有猛虎，细嗅蔷薇

初识虎薇，便觉惊喜，其标识上，一猛虎倚于蔷薇，栩栩如生。再遇虎薇，其奉阴阳和柔，酒香似是邀你沉迷，却有柔顺丝滑萦绕唇齿。虎薇并行，别有一番滋味。

虎薇酒庄地处宁夏贺兰金山葡萄试验园区，种植有300亩葡萄园，是一家注重细节和追求完美的酒庄，崇尚中国传统文化。庄主薛丽娟女士是浙江绍兴人（后来迁居宁夏），极富诗书才情，喜爱《道德经》和《易经》，尤其对其中关于万物相合、阴阳和柔的说法十分赞同，后来由英国诗人的诗作《于我、过去、现在和未来》触发灵感，这首诗被余光中译意为"心有猛虎，细嗅蔷薇"，因而给酒庄命名为"虎薇"，希望能酿造出刚猛与平和、狂野与精致融合得甘润平衡的、彰显地域风土的特色酒庄酒。

酒庄现在有"虎嗅蔷薇"和"谁与争锋"两个系列，都是围绕"虎薇"来创作和酿造的酒款。

德沃酒庄
Ningxia Devo Winery Co., Ltd.

翟亮
宁夏贺兰山东麓金山产区28号地

葡萄园概况
栽培师：李省
首批栽培年份：2015年
葡萄园总面积：168亩
栽培葡萄品种：霞多丽、黑比诺、赤霞珠、美乐

酿酒概况
酿酒师：金刚
首款酒酿造年份：2018年
葡萄酒年产量：4万瓶
产品类型：天然起泡酒
品牌系列：DEVO白中白、DEVO悦慕、DEVO香颂

推荐酒款
酒款名称：DEVO悦慕MV01
推荐年份：2019年
葡萄品种：50%霞多丽、50%黑比诺
产品类型：起泡酒
酿酒工艺：传统法，瓶内二次发酵
品鉴词：金黄晶亮的颜色、细腻均匀的气泡、精致优雅的芳香、饱满和天鹅绒般柔软的口感。
荣誉奖项：2023德国柏林葡萄酒大赛（Berliner Wein Trophy）金奖
2023品醇客世界葡萄酒大赛（Decanter World Wine Awards）铜奖

德沃酒庄

德沃酒庄位于宁夏贺兰山东麓葡萄酒产业园区金山试验区，总面积320亩，目前酿酒葡萄种植有168亩。酒庄专注酿造传统法起泡酒，主要种植黑皮诺和霞多丽，是中国专门种植以及酿造传统法起泡酒的精品酒庄之一，年产2万瓶起泡酒。

酒庄遵从风土及传统，酿造方法结合最新科技，采收及拣果都采用成本高昂的纯手工采摘，减少对葡萄藤的伤害；然后使用进口空气榨囊机榨汁，减少榨汁时的氧化。储存24~40个月，酒液在瓶内二次发酵，经过酿酒师评定酒体适饮，才除渣换木塞，再瓶陈到合适时间，务求达到最适饮的状态才推出市场。

环保和对自然资源的保护是酒庄发展中必不可忽视的一环，酒庄在葡萄园附近自建人工湖以收集雨水灌溉，葡萄园也经常有马、鹿、野羊、野兔、山鸡等野生动物的光顾。与自然共舞才能收获大地最纯真的馈赠！

2023年是德沃产品上市的首年，第一款产品DEVO悦慕MV01已获得2023德国柏林葡萄酒大赛金奖以及2023年品醇客世界葡萄酒大赛铜奖的荣誉。

嘉地酒园
Jade Vineyard

五级庄

丁健（Emma DING）
宁夏银川市金山国际葡萄酒示范区36号

葡萄园概况

栽培师：裴泓凯
首批栽培年份：2013年
葡萄园总面积：225亩
栽培葡萄品种：赤霞珠、美乐、霞多丽、马瑟兰、品丽珠、小味儿多

酿酒概况

酿酒师：周淑珍
首款酒酿造年份：2014年
葡萄酒年产量：8万瓶
产品类型：干红、干白、桃红
品牌系列：信使珍藏、河山佳酿、咏叹调系列和风信子等

推荐酒款

酒款名称：嘉地酒园信使干红葡萄酒
推荐年份：2016年
葡萄品种：100%赤霞珠
产品类型：干红
品 鉴 词：宝石红色的酒体闪烁着诱人的光泽，浓郁的浆果气息夹杂着精致的花香萦绕在鼻息之间。小啜一口，是饱满多汁的黑樱桃、黑加仑、黑莓，也是优雅沉稳的松茸、胡椒、雪松和雪茄盒。口感丰富且浓郁，仿佛大地的吟唱，汹涌澎湃、饱含着炙热而又细腻的情感，源远流长，耐人寻味。
荣誉奖项：2018史蒂芬·史普瑞尔评分 18/20分
2019贝丹德梭评分 18/20分
2021葡萄酒倡导者罗伯特·帕克评分 94/100分
2021詹姆斯·萨克林评分 95/100分

嘉地酒园：
贺兰山下的艺术品

嘉地酒园是贺兰山下一座小而美的精品酒庄，酒庄建筑整体风格简约现代，纯白色的线性结构与连绵起伏的贺兰山无比和谐，仿若一座现代艺术馆。

嘉地酒园的庄主丁健有着坚持和专注的个性，这让嘉地酒园有着追求极致的基因。酒庄学习吸收了国际上优秀的葡萄酒工艺、文化、理念和传统，在采用最严苛工艺的同时，酒庄也始终怀着崇尚自然、尊重风土的理念。比如将葡萄园划分为多个种植区，种植不同的品种和采取不同的管理模式，严格实行有机种植；采用重力入料、惰性气体保护和敞口发酵等国际领先的酿酒理念，并根据品种和地块分别发酵。

对于嘉地酒园来说，葡萄酒不只是产品，更是倾注了心血的艺术品，它们都有故事，都有缘由，都有自己的性格和意境。酒庄的每一款产品都拥有一个动听的名字，酒标采用绘画风格，清新淡雅，充满艺术气息。目前，嘉地酒园的葡萄酒共获得215项奖项，其中Trophy、大金奖、金奖75项，银奖52项，成为在世界权威赛事摘金最多的中国酒庄之一。

嘉地艰苦创业不忘初心，不断探索和创新，尊重自然，表达风土，将国际风格与东方审美相结合。

原歌酒庄
Chateau Yuange

三级庄

田生良
宁夏银川市贺兰县金山生态葡萄产业园

葡萄园概况

栽培师：于宁
首批栽培年份：2009年
葡萄园总面积：900亩
栽培葡萄品种：赤霞珠、美乐

酿酒概况

酿酒师：赵凯
首款酒酿造年份：2010年
葡萄酒年产量：12万瓶
产品类型：干红、桃红
品牌系列：山川岩、河谷田、原歌桃红

推荐酒款

酒款名称：原歌川·赤霞珠干红葡萄酒
推荐年份：2019年
葡萄品种：赤霞珠
产品类型：干红
品　鉴　词：酒体呈深宝石红色，亮泽迷人。展现出黑色水果、李子、陈皮及橡木烘烤的香气，单宁细腻柔和，香气层次丰富，入口圆润饱满，回味悠长。
荣誉奖项：2021德国柏林葡萄酒大赛（Berliner Wein Trophy）金奖
2022贺兰山东麓国际葡萄酒大赛金奖

原歌酒庄：
一抹如画的田园风光

原歌酒庄成立于2010年，是贺兰县最早一批建设并投产的酒庄。庄主田生良是军人出身，在葡萄酒事业上一直坚持"做酒如做人，品醇贵精心"的理念。

酒庄整体犹如一幅静谧的田园风光画。酒庄四面佳木葱茏，一座大大的"人"字形酒庄建筑体现着酒庄"天人合一"的理念，完美地展现了中西文化碰撞交汇的奇妙景观。

原歌酒庄取名一方面是源于庄主田生良先生的两个女儿"田原"和"田歌"，他希望能够将这份产业作为一份礼物赠予两个女儿传承下去；另一方面是因为庄主本就爱好幽静闲适的"田园牧歌"生活，故取谐音。酒庄内有供游客垂钓的人工湖，让人们在品尝美酒之余，还可以尽情享受久违的田园野趣。

且将新火试新茶，田歌远赴澳大利亚阿德莱德产区求学归来，在产品设计、经营理念等方面，有着自己新颖独特的想法。在酒庄的运营上，未来原歌酒庄会更加契合新时代酒庄的风格，既有老酒庄的底蕴，又能紧随时代潮流，形成一座兼具文化色彩和时尚魅力的新型田园酒庄。

夏木酒庄
Domaine Charme

五级庄

张湃

宁夏银川市贺兰县洪广镇金山国际葡萄酒试验区12号地

葡萄园概况

栽培师：王军
首批栽培年份：2013年
葡萄园总面积：220亩
栽培葡萄品种：赤霞珠、马瑟兰、维欧尼、美乐

酿酒概况

酿酒师：邓钟翔
首款酒酿造年份：2016年
葡萄酒年产量：5万瓶
产品类型：干红、干白、桃红、自然酒
品牌系列：夏木酒庄

推荐酒款

酒款名称：夏木酒庄甄藏赤霞珠干红葡萄酒
推荐年份：2018年
葡萄品种：赤霞珠
产品类型：干红
酿酒工艺：橡木桶陈酿14个月
品 鉴 词：呈深宝石红色，浓郁的成熟浆果香气，橡木桶陈年带来的太妃糖、雪茄盒、略微的薄荷感混着松柏的辛香料气息层层递现。酒体圆润，充满活力的酸度平衡着细腻的单宁。
荣誉奖项：2020贺兰山东麓国际葡萄酒博览会金奖

夏木酒庄：
道法自然，魅力夏木

夏木酒庄的名字取自法语"Charme"（魅力）一词，庄主张湃是建筑设计师出身，他将酒庄部分设计成独特的金字塔型，外壳使用的是玻璃材料，兼具神秘气息和现代感。夕阳时分，山的轮廓出现睡佛的光影，为酒庄增添魅力。

宁夏贺兰山东麓产区很少会酿造维欧尼单一品种葡萄酒，但是夏木酒庄不仅尝试酿造，而且让这个品种发挥了独特的魅力，展现了产区的风土特色。而酒庄的马瑟兰葡萄酒更是屡获国际大奖，其独特的风格和卓越的品质令人惊艳。

夏木酒庄遵循"自然农法"四大原则，不耕地、无肥料、无农药、不除草。尊重自然，减少人工干预，严格控制葡萄产量，把控原料质量，使用独特的陶罐陈酿，让葡萄酒在来自自然的陶土中静静蜕变，充分展现了产区原汁原味的风土特征。

海悦仁和酒庄
Mountain Wave Vinery

李婕
银川市贺兰县金山国际葡萄酒试验区第13号地块

葡萄园概况

栽培师：李景
首批栽培年份：2015年
葡萄园总面积：300亩
栽培葡萄品种：马瑟兰、赤霞珠、黑比诺、马尔贝克、品丽珠、美乐

酿酒概况

酿酒师：李景
首款酒酿造年份：2018年
葡萄酒年产量：6万瓶
产品类型：干红
品牌系列：一山一水系列

推荐酒款

酒款名称：一山一水·马尔贝克·珍藏干红葡萄酒
推荐年份：2019年
葡萄品种：马尔贝克
产品类型：干红
酿酒工艺：法国新橡木桶陈酿12个月
品 鉴 词：咸鲜、薄荷的外表下是愉悦的黑色水果和美好的烟熏风味，饱满且有活力，成熟度丰富，口感强劲。
荣誉奖项：2021布鲁塞尔国际葡萄酒大赛（Concours Mondial de Bruxelles）金奖

海悦仁和酒庄：
赶赴一程山水，星光不负赶路人

当远处氤氲在贺兰山的薄雾与挂在山尖的烟霞亲吻，融合在绝美景色里的海悦仁和酒庄也萦绕着灵气，这样的灵气源于酒庄独辟蹊径另寻一片天地的勇气和坚定。在产区大部分酒庄都以种植赤霞珠、美乐为主之时，海悦仁和酒庄在自己十公顷的园子里种植了马尔贝克、马瑟兰和黑比诺。

建设初期并不如想象中顺利，酒庄种植的黑比诺第一年几乎"全军覆没"。挑战和打击是沉重的，但是酒庄建设团队不服输地坚持着内心的信念。星光不负赶路人，酒庄种植的马尔贝克、马瑟兰和黑比诺终是与宁夏贺兰山东麓的好风土"握手言和"，并且以这三个单一品种酿造的酒款都取得了不错的成绩。酒庄以"一山一水"为品牌，"一山一水马尔贝克珍藏葡萄酒"获得2021年比利时布鲁塞尔国际葡萄酒大赛的金奖和2021年WINE100葡萄酒大赛金奖，"一山一水黑比诺葡萄酒"也将2021年WINE100葡萄酒大赛的金奖收入囊中。

赶赴一程山水是不易的，好在海悦仁和酒庄秉持着稳步向前的初心，这一路总有鲜花掌声相伴！

耘岭酒庄
Chateau Yunling

甄少华
宁夏银川市贺兰县金山国际葡萄产业试验区37号地

葡萄园概况

栽培师：贺嘉来
首批栽培年份：2013年
葡萄园总面积：300亩
栽培葡萄品种：赤霞珠、美乐、品丽珠

酿酒概况

酿酒顾问：黄学春
首款酒酿造年份：2014年
葡萄酒年产量：3万瓶
产品类型：干红
品牌系列：耘岭（庄主典藏、甄藏、北纬38°）

推荐酒款

酒款名称：耘岭·庄主典藏干红葡萄酒
推荐年份：2016年
葡萄品种：赤霞珠
产品类型：干红
酿酒工艺：橡木桶陈酿18个月
品 鉴 词：呈宝石红色，香气较浓郁，非常愉悦醇厚。酸枣、无花果、覆盆子的果香层层递现，入口丝滑的单宁给予味蕾退之不去的厚重感，令人舒服的酸度与之构成了几乎完美的平衡。
荣誉奖项：2021布鲁塞尔国际葡萄酒大赛（Concours Mondial de Bruxelles）金奖

耘岭酒庄：
耕耘于崇山峻岭间

耘岭酒庄成立于2013年，是宁夏贺兰金山国际葡萄产业试验区的一家酒庄，酒庄并不大，仅有300余亩葡萄园，但正是这个小酒庄，曾在试验区的优质葡萄园评选中获得第一。

耘岭，释义为耕耘于崇山峻岭间，在贺兰山下辛勤耕作。在宁夏贺兰金山葡萄产业试验区种植葡萄是十分艰难的，山石遍布，想要种植葡萄，只平整土地就要耗费巨大的时间和人力成本，而且整理好园子，每年还会有较小的山石出现在葡萄园里。葡萄园旁数十米高的石头山见证了耘岭酒庄一步一步在荒芜的石头地里开垦出一片葱郁的葡萄园。时光不负，葡萄园在十年时间里已完全与风土合拍，耘岭酒庄也在十年葡萄酒探索之路上逐渐形成自己独特的风格。

酒庄自建设以来，始终秉持"为朋友酿酒"的理念，"葡萄酒可能是世界上最会说话的酒，也可能是最不会说谎的酒，只要啜饮一口就可以知道她的产地、她的品类，正如对待朋友的真诚一般。因此，为朋友酿酒是一件值得做一辈子的事情。"耘岭酒庄的创始人深切地说。

SILVER HEIGHTS

银色高地酒庄
Silver Heights Vineyard

高源

宁夏银川市贺兰县洪广镇金山村枣园西

葡萄园概况

栽培师：冯耀辉
首批栽培年份：2012年
葡萄园总面积：1050亩
栽培葡萄品种：赤霞珠、美乐、霞多丽、西拉、马瑟兰、黑比诺、小味儿多

酿酒概况

酿酒师：高源
首款酒酿造年份：2007年
葡萄酒年产量：10万瓶
产品类型：干红、干白、起泡酒
品牌系列：爱玛私家收藏、阙歌、家园系列、家族珍藏系列、世纪勇士系列

推荐酒款

酒款名称：银色高地阙歌红葡萄酒
推荐年份：2020年
葡萄品种：赤霞珠
产品类型：干红
酿酒工艺：橡木桶陈酿18个月
品　鉴　词：具有黑樱桃伴随着小茴香、紫罗兰和咖啡豆香味。咸鲜的矿物质口味增加了其复杂程度，扎实的单宁支撑了其饱满的风味。

银色高地酒庄

2010年10月,世界著名葡萄酒大师杰西斯·罗宾逊在《金融时报》发表的《中国葡萄酒的清新酒香》一文中提到"中国葡萄酒产业的又一颗新星",杰西斯所指的"新星",正是宁夏银色高地酒庄。

银色高地酒庄是高林先生于2007年创立的,目前由他的女儿高源经营。高源在1999年赴法国学习葡萄酒酿造,并获得法国国家酿酒师证书。深受法国影响的高源坚持法国传统的酿造技术,因此酒庄的葡萄酒偏向旧世界风格。

"天道自然无为,人道顺乎自然"。从2015年开始,银色高地开始将生物动力学应用到葡萄园种植中,加强土壤的有机度和葡萄园内的生物多样性。通过制作专业的生物动力制剂以满足葡萄园的需要,增强土壤活力,同时不添加任何化学肥料与人工合成剂,不使用化学杀虫剂与除草剂。酒庄还畜养了肥羊、牛和马等动物,葡萄田里有着十几种花草和野生小动物,融入健康生态环境里的葡萄藤得以强壮地生长。

旭域金山酒庄
Château Soleil du Mont

杨宝华
银川市贺兰县金山国际葡萄试验区38号

 葡萄园概况

栽培师：陈玺全
首批栽培年份：2014年
葡萄园总面积：320亩
栽培葡萄品种：赤霞珠、马瑟兰、美乐

 酿酒概况

酿酒师：龚万林
首款酒酿造年份：2016年
葡萄酒年产量：10万瓶
产品类型：干红、桃红
品牌系列：黄河红、拾陆°、野客、桃醉

推荐酒款

酒款名称：黄河红美乐庄主珍藏干红葡萄酒
推荐年份：2020年
葡萄品种：美乐
产品类型：干红
酿酒工艺：橡木桶陈酿11个月
品鉴词：呈深宝石红色，红樱桃、红醋栗、李子、浆果香气四溢，橡木香协调优雅。单宁细腻、柔和，口感醇厚，入口平滑、圆润，酒体平衡，余味悠长。
荣誉奖项：2020宁夏贺兰山东麓国际葡萄酒博览会金奖
2022中国国际精品葡萄酒及烈酒挑战赛金奖

旭域金山酒庄：
远处崇山，近处葡园，热爱可迎万难

旭，以初出的阳光为解。

旭域金山酒庄坐落于宁夏贺兰金山国际葡萄产业试验区，背靠崇山，面朝葡园，远看朝阳升起，在光辉的映衬下，酒庄也如初出的阳光一样朝气蓬勃，葱郁的葡萄园昭示着酒庄初创者的用心和酒庄种好葡萄、酿好酒的信心。

作为一家年轻的酒庄，旭域金山的创立和发展离不开庄主杨宝华的坚定选择。2014年以前，杨宝华还没想过自己会建设一家拥有320亩葡萄园的酒庄，彼时正在第三方和移动便民支付领域打得火热的杨宝华，如今已是年产10万瓶葡萄酒的酒庄庄主了。建设初期，杨宝华瞅准宁夏贺兰山东麓葡萄酒发展的大好时机和金山这片"风水宝地"，租下400亩土地，种植葡萄、建设酒庄。

酒庄目前有"黄河红""拾陆°""野客""桃醉"四个系列，"黄河红"寄托着庄主杨宝华对宁夏贺兰山东麓风土的敬仰和自己作为宁夏人的乡情；"拾陆°"则是酒庄根据金山小产区的风土特征酿造的一款酒精度达到16°的赤霞珠葡萄酒；"野客"是酒庄针对葡萄酒发烧友推出的一款马瑟兰自然酒；而"桃醉"则是一款以美乐酿造的桃红葡萄酒。真实表达宁夏贺兰山东麓风土的味道，解开风土的密码，就是杨宝华坚持的意义和旭域金山酒庄建设的初心。

亦浓酒庄
Yinong Winery

王玉强
宁夏贺兰县洪广镇金鑫村红柳沟北侧
葡萄产业试验区33号

葡萄园概况

栽培师：吴广
首批栽培年份：2015年
葡萄园总面积：230亩
栽培葡萄品种：赤霞珠、马瑟兰、长相思

酿酒概况

酿酒师：卢新军
首款酒酿造年份：2017年
葡萄酒年产量：6万瓶
产品类型：干红、干白、桃红
品牌系列：亦浓和颂、亦浓小雅、亦浓国风、亦浓桃天、亦浓束楚、亦浓蒹葭、亦浓竹漪、亦浓舜华

推荐酒款

酒款名称：亦浓和颂马瑟兰干红葡萄酒
推荐年份：2021年
葡萄品种：马瑟兰
产品类型：干红
酿酒工艺：橡木桶陈酿12个月
品鉴词：颜色深邃，散发出诱人的车厘子、黑加仑、桑葚香气，清新的薄荷和紫罗兰香气与咖啡、可可类香气协调优雅。入口平滑、圆润，酒体平衡，单宁细致，口感醇厚，层次分明，回味悠长。
荣誉奖项：2023布鲁塞尔国际葡萄酒大奖赛(Concours Mondial de Bruxelles)大金奖
2022年中国（宁夏）国际葡萄酒大赛银奖

亦浓酒庄：
融风雅于美酒，以解人生百味

作为宁夏贺兰山东麓众多酒庄之一的亦浓酒庄，以独特、诗意的形象矗立在宁夏贺兰金山国际葡萄产业试验区酒庄集群中。

"人应该诗意地栖居在大地上"，这句话形容亦浓酒庄是再适合不过的。酒庄以旅游品牌文化为主导，建设成了一座集葡萄种植、葡萄酒酿造、葡萄酒品鉴和休闲度假的"体验型"酒庄。区别于产区其他接待游客的酒庄，亦浓酒庄总有一缕文雅安逸的气息萦绕。

为了中和西北的豪迈之情，酒庄将《诗经》中"风""雅""颂"三章的叙述还原于酒庄的细节之处；酒庄的三款代表性酒款以"和颂""小雅""国风"为名，酒标的设计也与这个风雅的名称相契相合。除此之外，酒庄内用于接待的客房借用《诗经》中"卫风——淇奥""周南——桃夭""秦风——蒹葭""郑风——有女同车""唐风——绸缪"的意义，分别命名为"竹漪""桃夭""蒹葭""舜华""束楚"，让到访酒庄的客人都能沉浸在雅致的氛围里。

酒庄依山而立，兼有大漠孤烟的西北风情，亦有浓郁的诗意情趣，独有一派祥和安逸、从容风雅的氛围。

沃尔丰酒庄
Woerfeng Estate

四级庄
郑子超
宁夏银川市贺兰县洪广镇金山村

葡萄园概况
栽培师：赵宁、樊志强
首批栽培年份：2013年
葡萄园总面积：900亩
栽培葡萄品种：赤霞珠、美乐、品丽珠

酿酒概况
酿酒师：谢亚玲
首款酒酿造年份：2015年
葡萄酒年产量：20万瓶
产品类型：干红、干白、桃红
品牌系列：兰山图系列、珍藏系列、家族传奇系列

推荐酒款
酒款名称：兰山图·美乐干红葡萄酒
推荐年份：2020年
葡萄品种：美乐
产品类型：干红
品 鉴 词：呈深宝石红色，黑皮李子、树莓和山楂等水果的果香伴着紫罗兰的花香，香气浓郁且丰富，肉桂、甘草和白胡椒等香料香气淡雅，香味协调而复杂。酒体入口饱满多汁、平衡，单宁顺畅，后味爽净，回味长。
荣誉奖项：2020德国柏林葡萄酒大赛（Berliner Wein Trophy）金奖

沃土厚地，串酿天成

沃尔丰酒庄

在贺兰山"睡佛"下，坐落着一座古朴清雅、美酒香醇的酒庄，它就是沃尔丰酒庄。酒庄建筑营造出中国古典园林的氛围，虽由人作，宛自天开。青砖、鱼鳞瓦，用贺兰山砾石点缀外墙，用从葡萄园修剪下来的葡萄枝条装饰吊顶，屋顶檐口的纹理装饰全部手工雕刻。在沃尔丰酒庄，建筑风格和葡萄酒文化相互映衬，相辅相成。

沃尔丰酒庄的投资者——郑氏兄弟在宁夏的产业涉及房地产、工业、商贸等多个领域。一次其所属的工厂因为位于产区酿酒葡萄种植区附近被要求搬迁，郑氏兄弟意识到绿色环保行业是宁夏地区未来的发展方向，于是积极响应政府号召，转型转产，投身葡萄酒行业，开启绿色、生态的发展。

在保证原料品质的基础上，酒庄采用小罐发酵，精心管理。酒标设计也充满巧思，将"睡佛"轮廓作为酒标形状，描绘出一幅贺兰山的云烟画卷。

贺金樽酒庄
Hejinzun Winery

姚宁宁
宁夏银川市贺兰县金山国际
葡萄产业试验区34号地

葡萄园概况

栽培师：陈永
首批栽培年份：2013年
葡萄园总面积：505亩
栽培葡萄品种：赤霞珠、美乐、霞多丽、马瑟兰、其他

酿酒概况

酿酒师：梁百吉
首款酒酿造年份：2016年
葡萄酒年产量：300万瓶
产品类型：干红、干白
品牌系列：贺兰红、贺兰魂

推荐酒款

酒款名称：贺兰红江南版珍藏赤霞珠干红葡萄酒
推荐年份：2018年
葡萄品种：赤霞珠、美乐、品丽珠
产品类型：干红
品 鉴 词：呈深宝石红色，清澈透亮，香气浓郁，李子、黑加仑、果脯等丰富的果香与香草、焦糖等橡木陈酿香气完美结合；酒体饱满，口感圆润柔和，甘润平衡，余味悠长，极具陈年潜力。
荣誉奖项：2021布鲁塞尔国际葡萄酒大赛（Concours Mondial de Bruxelles）金奖

贺金樽酒庄

"人生得意须尽欢,莫使金樽空对月。"

作为一座以中国特色文化元素贯穿的酒庄,贺金樽酒庄不管是从外观的恢宏大气,还是酒庄内部装饰的巧妙构思,无不体现着酒庄对中华文化的推崇和喜爱。

古色古香的四合院式建筑融入了许多秦汉时期的文化元素。除此之外,贺金樽酒庄的酒标也以秦汉时期的饮酒器——"樽"为元素,这个标志在酒庄的多个地方均有体现。为宁夏贺兰山东麓喝彩,和众人一起分享葡萄酒的喜悦和传承中国传统文化,是贺金樽酒庄名称的意义。

贺金樽酒庄在葡萄园管理和酿酒方面坚持尊重风土的理念,尊重每一片葡萄园想要表达的特色,传递宁夏贺兰山东麓产区最真实的葡萄酒文化。

麓哲菲酒庄
Luzhefei Winery

五级庄

张文

宁夏银川市贺兰县洪广镇金鑫村

葡萄园概况

栽培师：刘洁
首批栽培年份：2013年
葡萄园总面积：190亩
栽培葡萄品种：赤霞珠、马瑟兰、西拉

酿酒概况

酿酒师：闫国玲
首款酒酿造年份：2018年
葡萄酒年产量：2万瓶
产品类型：干红、桃红
品牌系列：麓哲菲

推荐酒款

酒款名称：麓哲菲窖藏赤霞珠干红葡萄酒
推荐年份：2017年
葡萄品种：赤霞珠
产品类型：干红
品 鉴 词：呈深宝石红色，有覆盆子、桑葚、红李子、胡椒、矿物、坚果的香气。口感圆润，单宁丰富、细腻，酒体结构完整平衡，回味悠长，具有赤霞珠典型的风格。
荣誉奖项：2019品醇客亚洲葡萄酒大赛（Decanter Asia Wine Awards）嘉许奖

麓哲菲酒庄：
集优雅与务实于一身的简欧庄园

麓哲菲酒庄隶属于宁夏朔方控股股份有限公司，成立于2018年8月，是一家兼有葡萄种植、葡萄酒生产、销售和观光旅游等的现代化酒庄，酒庄的建筑与内部设计都体现着简欧风格的优雅与实用。在这里既能品味优雅细腻的酒香，还能体验果园采摘、垂钓等田园野趣。

麓哲菲酒庄地处贺兰山下，其葡萄园大部分土壤都是白浆土，这种土质的透水性很差，为了使葡萄能够扎根和方便后期葡萄园水肥管理，酒庄耗费巨大的人力物力改良白浆土壤，挖去表面一层土壤再深耕地下，然后在园子里大面积覆盖施用有机肥料和秸秆等。酒庄严格进行绿色收获，控制葡萄的产量，以收获最高品质的葡萄。在艰苦卓绝的条件下仍能坚守自身酿好酒，如此务实，实在难得。

麓哲菲酒庄以酿造干红、桃红为主，其品牌系列沿用酒庄名称"麓哲菲"，风格以柔和优雅为主。

圆润酒庄
Yuanrun Winery

李明

宁夏银川市贺兰县洪广镇金鑫村

葡萄园概况

栽培师：杨伏军

首批栽培年份：2007年

葡萄园总面积：1500亩

栽培葡萄品种：马瑟兰、品丽珠、赤霞珠、西拉、黑比诺、桑娇维塞、紫大夫、仙粉黛、马尔贝克、小味儿多、贵人香、霞多丽、小芒森、雷司令、泰纳特

酿酒概况

酿酒师：穆启新

首款酒酿造年份：2012年

葡萄酒年产量：13万瓶

产品类型：干红、干白、甜白

品牌系列：圆润

推荐酒款

酒款名称：圆润（一眼）马瑟兰干红葡萄酒

葡萄品种：马瑟兰

产品类型：干红

品鉴词：呈深紫红色，樱桃、蓝莓、核桃等水果香与烘烤、咖啡香气结合得较好，酒体醇厚，单宁优质柔顺。

圆润酒庄：
实用主义为上

圆润酒庄奉行实用主义为上的理念，"先求生存，再求发展"。拥有1600平方米的酿造车间，1000平方米的地下酒窖，1500亩葡萄园，16个酿酒葡萄品种。育苗、种植、采摘、酿造都由酒庄自行管理运行，将葡萄酒的品质作为第一要务，酿出代表酒庄和产区风土特色的优质葡萄酒。

酒庄人员创新钻研能力强，不论是种植还是酿造，酒庄都会根据实践经验不断进行改进。酒庄使用的除梗破碎机、框式压榨机、气囊压榨机等设备都经过改进，不仅节约了成本，还可以按照实际的使用需求来调整功能，真正体现了实用精神。

葡萄酒是有生命的，酒庄"天珠"系列葡萄酒参考藏传天珠的寓意，赋予葡萄酒美好的祝愿。用"一眼"到"九眼"来命名不同的酒款，每款产品都有着不同的含义。

金元酒庄
Jinyuan Winery

汪儒
宁夏银川市贺兰县110国道1220里程碑处

葡萄园概况

首批栽培年份：2010年
葡萄园总面积：50亩
栽培葡萄品种：马瑟兰

酿酒概况

酿酒师：余永生
首款酒酿造年份：2015年
葡萄酒年产量：6万瓶
产品类型：干红
品牌系列：金元臻、塞上兰帝

推荐酒款

酒款名称：金元臻赤霞珠干红葡萄酒
推荐年份：2016年
葡萄品种：赤霞珠
产品类型：干红
品鉴词：入口圆润饱满，香气优雅纯正，单宁丰富，回味悠长。

金元酒庄

金元酒庄的建筑是欧式风格,既典雅大气,又有家的温馨,建筑外是错落有致的花圃,给酒庄增添了一份灵动。庄主汪儒先生是建筑行业出身,将酒庄建造得既充满个性,又不过分张扬。

2012年,在宁夏农科院的支持下,酒庄开始种植葡萄。除了自有的葡萄园外,酒庄每年还会购买果农种植的酿酒葡萄以满足酒庄的酿造需求。现在,酒庄已经摸索出了自己独特的风格,酿造的葡萄酒颜色深浓、香气独特,让葡萄酒爱好者耳目一新。

天赐福祉,醉人佳酿。寻一处宁静,感受自然的馈赠,品一杯美酒,享受舌尖上的喜悦。

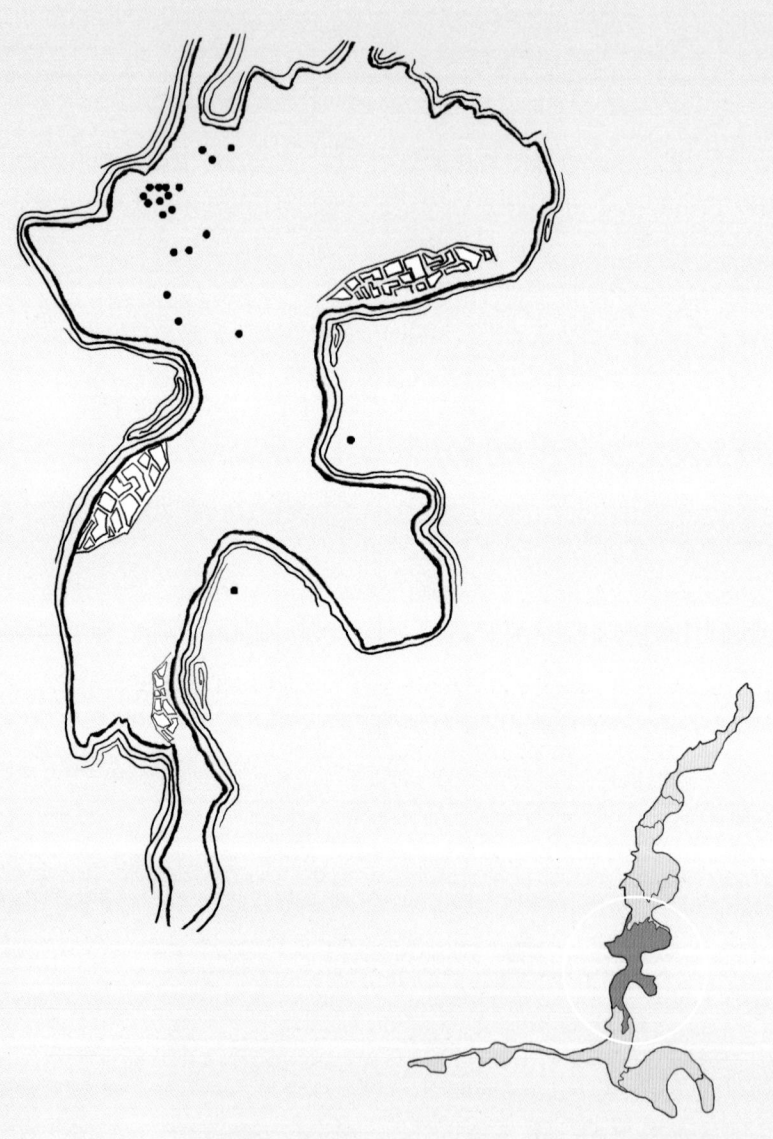

青铜峡

Qingtongxia

青铜峡隶属吴忠市，处于贺兰山脉的末端，因此风力较大，也更加干旱。在这里贺兰山阻挡风沙的作用已经非常微弱，大风时常挟带着砂粒而来，所以这里的土壤里含有较多的砂质。砂粒会增加土壤的透水性，让土壤时常保持干燥状态。青铜峡是宁夏葡萄酒产区里年日照时数最长的区域，超过3000小时。太阳放射出的紫外线对于葡萄皮中花青素的积累有重要的作用，也可以让单宁更加细腻，因此青铜峡的葡萄酿出的酒有着深邃的颜色和丝滑的单宁。

青铜峡是种植酿酒葡萄较早的地区，葡萄树树龄较长，再加上优越的土壤和气候条件，青铜峡的葡萄成为各大酒庄争相收购的对象，其中最有名的产地是甘城子、鸽子山。其他主要的酿酒葡萄种植基地在鸽子山、树新林场一带，以及广武村附近。

西鸽酒庄
XIGE ESTATE

四级庄

张言志

宁夏青铜峡市鸽子山西鸽路1号

葡萄园概况

栽培师：张继丰
首批栽培年份：1997年
葡萄园总面积：32000亩
栽培葡萄品种：赤霞珠、蛇龙珠、品丽珠、黑比诺、马尔贝克、马瑟兰、霞多丽、长相思

酿酒概况

酿酒师：廖祖宋
首款酒酿造年份：2017年
葡萄酒年产量：1000万瓶（设计产能）
产品类型：干红、干白、桃红
品牌系列：西鸽正牌、西鸽N系列、西鸽小酌、西鸽X系列、玉鸽单一园系列、玉鸽国际系列、玉鸽国彩系列等

推荐酒款

酒款名称：西鸽®单一园蛇龙珠干红葡萄酒
推荐年份：2019年
葡萄品种：蛇龙珠
产品类型：干红
酿酒工艺：橡木桶陈酿12个月
品　鉴　词：该酒甄选西鸽酒庄20余年老藤蛇龙珠，匠心酿造而成。展现了蛇龙珠的典型特征：入口柔美，单宁细腻，有玫瑰、药草等香气，回味持久。
荣誉奖项：发现中国·2023中国葡萄酒发展峰会大金奖

西鸽酒庄：
让世界爱上中国葡萄酒

西鸽酒庄成立于2017年，地处宁夏青铜峡鸽子山地界，目前种植有32000亩葡萄园，其中有15000亩树龄超过20年。

西鸽酒庄的整体建筑遵循"天圆地方"的理念，兼具实用性与观赏性；酒庄的酒标设计也是中国传统美学和葡萄酒文化结合的典范……这些元素的应用都昭示着西鸽的建设初衷：建一家中国人自己的酒庄，向世界传递中国美。

酒庄使用葡萄园智慧农业控制系统，全方位监测葡萄园的温度、湿度等数据，随时对葡萄园的农事作业做出调整。在酿造方面，酒庄执着于追寻土地密码，自主创建"3126"酿酒法则，包括3个月的综合发酵期，12个月左右橡木桶陈酿以及6个月以上的瓶储期，这是西鸽酒庄对品质的坚守和对消费者的承诺，也是酒庄多年摸索和总结出来的一套精品葡萄酒心经。

西鸽正牌"藤上藤"是西鸽酒庄殿堂级珍藏产品，历时5年打磨，甄选26年藤龄的赤霞珠，与蛇龙珠混酿而成，在精妙平衡之上寻求高、雅、达的中国宁夏贺兰山东麓风土表达，是具收藏价值的中国精品葡萄酒。2020年，这款酒一举拿下当年帕克团队在中国打出的最高评分91分，并评价其"在未来10年将进一步发展出复杂性，是中国最有现代风格的干红之一。"

华昊酒庄
Chateau Huahao

四级庄

程潜

宁夏青铜峡市树新林场

葡萄园概况

栽培师：李庄严
首批栽培年份：2003年
葡萄园总面积：1050亩
栽培葡萄品种：赤霞珠、马瑟兰、美乐、西拉、小味儿多

酿酒概况

酿酒师：江涛
首款酒酿造年份：2007年
葡萄酒年产量：30万瓶
产品类型：干红、半甜桃红
品牌系列：华昊、柳木高、阅山、兰山小瓶

推荐酒款

酒款名称：华昊马瑟兰·家族珍藏干红葡萄酒
推荐年份：2019年
葡萄品种：马瑟兰
产品类型：干红
品 鉴 词：酒体颜色亮丽，香气从花香到樱桃、黑李子，经过橡木桶的熟化，演变成融合黑咖啡、巧克力等烘焙类香气，酒体口感醇厚，层次丰富，余韵悠长。
荣誉奖项：2023布鲁塞尔国际葡萄酒大赛（Concours Mondialde Bruxelles）大金奖
2022法国国际葡萄酒大奖赛（France International Wine Awards）大金奖

华昊酒庄：
酿心酿酒，至臻至美

华昊酒庄早在2003年已经建成葡萄种植基地，由于独特的自然气候和精细化的管理，这里的葡萄原料往往有着上佳的表现。

在华昊，追求品质是永恒的主题。努力把控每一个细节：笔直工整的葡萄园，不染一丝尘埃的酒窖，无不体现着酒庄的用心。华昊酒庄始终踏踏实实用心做好酒，用精细化的管理捕捉风土的气息，用认真细心的态度陪伴那些在橡木桶中沉睡的生命。

在贺兰山支脉处，青铜峡邵刚境内有两座高山，都称作"柳木高"，南为大柳木高，海拔1579米；北为小柳木高，海拔1514米。登到柳木高山上往下望，周围的其他山群便在脚下，让人顿生"会当凌绝顶，一览众山小"的雄心与气概。这便是酒庄的两个品牌"柳木高"和"阅山"的出处。

华昊酒庄是宁夏贺兰山东麓产区最早种植马瑟兰的酒庄之一，"华昊马瑟兰·家族珍藏干红葡萄酒"作为酒庄的旗舰产品，也是贺兰山东麓产区马瑟兰的代表酒款。

望月石酒庄
Stone & Moon Winery

康轩浩
宁夏青铜峡市鸽子山长城路1号

葡萄园概况

栽培师：Nicolas Billot-Grima（法国）
　　　　Maria Teresa Romero Ponce（智利）
首批栽培年份：2018年
葡萄园总面积：800亩
栽培葡萄品种：赤霞珠、梅乐、马瑟兰、品丽珠、小味尔多、西拉、马尔贝克、维欧尼尔、霞多丽

酿酒概况

酿酒师：Nicolas Billot-Grima（法国）
　　　　Maria Teresa Romero Ponce（智利）
首款酒酿造年份：2021年
葡萄酒年产量：40万瓶
产品类型：干红，干白，桃红
品牌系列：望月石酒庄经典系列、望月石酒庄风土系列、望月石酒庄家族典藏系列等

推荐酒款

酒款名称：望月石家族典藏马瑟兰干红葡萄酒
推荐年份：2021年
葡萄品种：马瑟兰
产品类型：干红
酿酒工艺：橡木桶陈酿8个月
品　鉴　词：呈宝石红色，深红色浆果、香料辛香及香草的香气充满口腔，酒体平衡，回味怡人。
荣誉奖项：2023布鲁塞尔国际葡萄酒大赛（Concours Mondial de Bruxelles）金奖

望月石酒庄：

望月石酒庄自成立以来，始终奉行着自然、有机、原生态的生产和建设理念。满月光照下的戈壁滩上，古河道冲刷过的石砾、沙土、黏土、风化岩的混合地貌，构成了望月石酒庄独特的风土。位于这片戈壁滩上的800亩葡萄园，均采用绿色生态纯有机的方式种植，并获得了有机认证及良好农业示范认证。

望月石酒庄的建筑采用调色清水混凝土工艺，一次性浇筑完成，是中国最大面积的调色清水混凝土单体建筑。酒庄将建筑美学与结构科学相融合，棱角分明的建筑与当地山体融为一体，硬朗的建筑线条与戈壁滩遥相呼应。

望月石酒庄定位国际化，不仅聘请了法国专业酿酒顾问，还在世界范围内选取最优供应商合作。例如酒庄酿酒前处理设备选用意大利布赫，滴灌设备选用以色列Netafim，种植杆采用西班牙Posviman等，力求在每一处细节精益求精。

望月石酒庄作为一家成立不久的酒庄，以学习者和风土践行者的姿态扎根在宁夏贺兰山东麓产区；作为一家扎实种植葡萄园、酿造葡萄酒的酒庄来说，望月石满怀豪情壮志。

维加妮酒庄
Chateau Vegani

四级庄

张毅

宁夏青铜峡市树新林场甘城子分厂沿山公路东

葡萄园概况

栽培师：张毅
首批栽培年份：2006年
葡萄园总面积：800亩
栽培葡萄品种：赤霞珠、马瑟兰、马尔贝克、小味儿多、美乐、品丽珠

酿酒概况

酿酒师：段成春
首款酒酿造年份：2014年
葡萄酒年产量：20万瓶
产品类型：干红
品牌系列：兰山伯爵、甘鸽、维加妮、甘鸽日历

推荐酒款

酒款名称：兰山伯爵特级珍藏赤霞珠干红葡萄酒
推荐年份：2016年
葡萄品种：赤霞珠
产品类型：干红
酿酒工艺：法国橡木桶陈酿14个月
品　鉴　词：酒体呈宝石红色，展现出熟美的李子、黑醋栗和紫罗兰的香气，法国橡木桶赋予这款酒浓郁的烘烤香气。酒体强壮，口感丝滑，单宁细致，果味浓郁，余味悠长。
荣誉奖项：2020布鲁塞尔国际葡萄酒大赛（Concours Mondial de Bruxelles）大金奖
2020德国柏林葡萄酒大赛（Berliner Wein Trophy）金奖

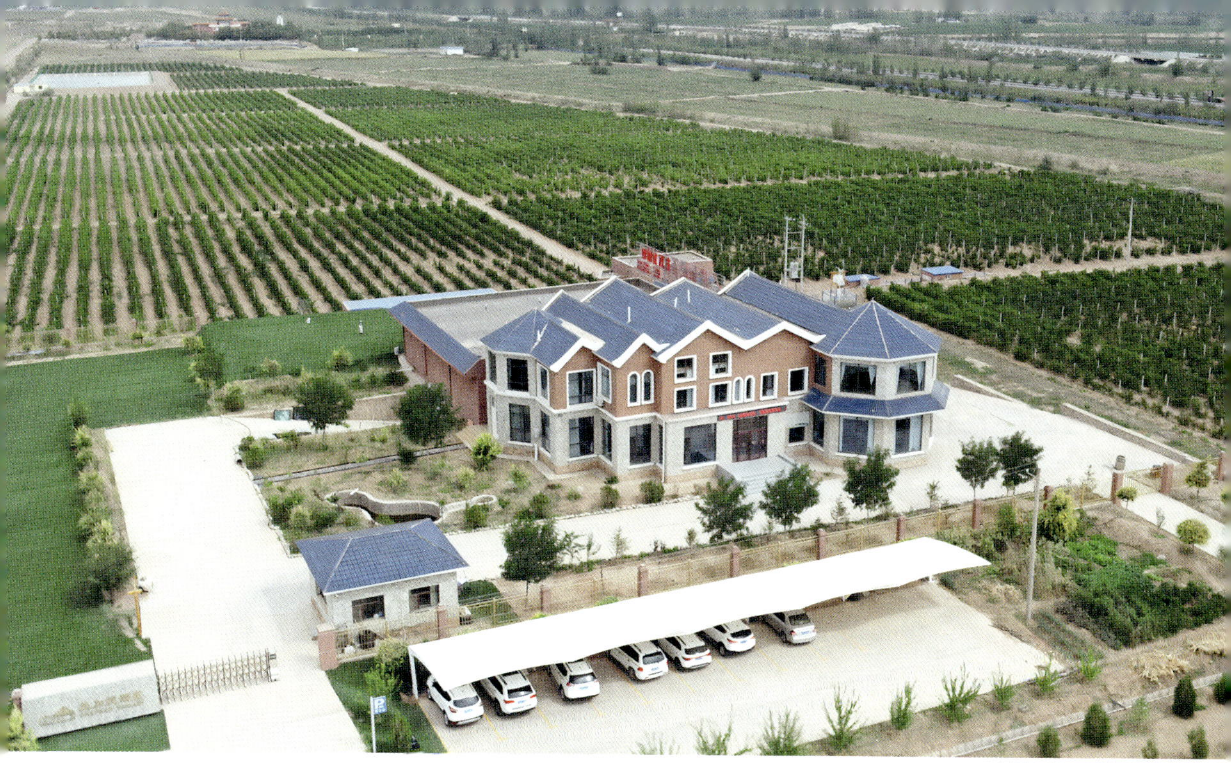

从种植到酿造，源于自然，出于匠心！

好酒源于好原料！

张毅

维加妮酒庄：种出一瓶好葡萄酒

维加妮酒庄成立于2014年，虽然酒庄比较年轻，但是酒庄的葡萄园已值23芳龄。酒庄的两位创始人张毅和段成春都是从1998年就开始种植葡萄的“种植老手”了，20余年的种植经验让两位创始人颇有心得，庄主张毅更是将“好葡萄酒是种出来的”这句话，作为每次推介会的开场白。的确是，最初还没有成立酒庄的时候，这里种植的葡萄从不缺买家，建立酒庄之后，酒庄酿造的葡萄酒大奖拿到手软。

酒庄在葡萄园管理工作中精益求精，按照葡萄树的生长规律和适应性进行水肥管理。在酿造方面酒庄采用自然重力酿造法，发酵罐也设计成在发酵过程中可以除籽的特殊结构，以及全自动冷热分制系统，这些都帮助酒庄更精准地控制酿造细节。酒庄自有品牌“兰山伯爵”这个洋气名字的背后，是一个西北汉子耕耘20余年对宁夏贺兰山东麓这片好风土的崇敬和感谢。正如庄主张毅所说：“一瓶好酒里蕴藏着土地的灵魂、阳光的血液、酿酒人的执着和爱的信仰。”

密登堡酒庄
Chateau Modern

赵振超
宁夏青铜峡市邵岗镇同富村

葡萄园概况
栽培师：李润汉
首批栽培年份：2006年
葡萄园总面积：2256.8亩
栽培葡萄品种：赤霞珠、马瑟兰、白玉霓、西拉、美乐

酿酒概况
酿酒师：孙春辉
首款酒酿造年份：2014年
葡萄酒年产量：26万瓶
产品类型：干红、干白、桃红
品牌系列：密登堡

推荐酒款
酒款名称：密登堡马瑟兰干红葡萄酒
推荐年份：2018年
葡萄品种：马瑟兰
产品类型：干红
酿造工艺：橡木桶陈酿12个月
品鉴词：呈深宝石红色。果香纯正馥郁，具有香草、哈密瓜、薄荷、荔枝、覆盆子及黑巧克力香气。酒体醇厚，入口柔顺，单宁细腻丰满，平衡性好，结构感较强。

密登堡酒庄

密登堡酒庄的建筑是庄主历时五年的心血之作，华丽卓越的外观建筑堪称甘城子地区的酒庄建筑艺术翘楚。高耸的细长塔尖、修长的束柱和精致的尖形拱门……仿若走进一座高贵优雅、神秘含蓄的城堡。令人惊讶的是，如此构思巧妙的建筑竟多达数栋，而且以功能区分开，一砖一瓦都体现着艺术匠心。凭借恢宏大气的建筑风格和配套完善的餐饮旅游设施，酒庄每年都会吸引许多喜爱此地的游客前来参观。

"因为热爱葡萄酒，从而萌生了做葡萄酒的念头"，来自河南的赵振超先生怀揣着美好的理想在政策的机遇下开始建设酒庄，在经过一番严格的实地考察后最终才在宁夏青铜峡甘城子产区落地。

酒庄的管理从源头到酿造都严格把控，在庄主赵振超的身上能感觉到，只要是能打动他的东西，无论建筑还是葡萄酒，水准必须要高。酒庄坚持有机种植，纯天然酿造方式，坚持"好酒是种出来的"。

联合农科丹麓酒庄
United Winery

———

周沃民
宁夏青铜峡市叶北公路

葡萄园概况

栽培师：沈建新
首批栽培年份：2012年
葡萄园总面积：200亩
栽培葡萄品种：赤霞珠、美乐

酿酒概况

酿酒师：武金霞
首款酒酿造年份：2015年
葡萄酒年产量：80万瓶
产品类型：干红、干白、甜白、冰酒
品牌系列：赤恋、别样精彩、金沙赤霞、团梦、团醉、夏墨、续梦之旅、KV M12

推荐酒款

酒款名称：续梦之旅·启航赤霞珠干红葡萄酒
推荐年份：2016年
葡萄品种：86%赤霞珠、10%美乐、4%蛇龙珠
产品类型：干红
酿酒工艺：92%旧橡木桶和8%新法国橡木桶陈酿12个月
品　鉴　词：呈宝石红色带紫色调。黑色浆果、香料和烘焙香气，交织着诱人的紫罗兰和成熟李子气息。后味带一点点干香料风味，余味悠长。
荣誉奖项：2018G100国际葡萄酒及烈酒评选赛大金奖

联合农科丹麓酒庄：
百川汇海可撼天

> 酿造健康美味的
> 葡萄酒
> 让大众唾手可得！

"不要把葡萄酒放得高高在上，要让平常人唾手可得"，这是联合农科丹麓酒庄几十位庄主的共同愿望。

酒庄原本是一个非常庞大的自酿群体，机缘巧合之下发现产地酿酒的香气、结构感和可控工艺等方面都优胜于在家酿酒。于是2015年开始组织建庄，最先在金沙湾建起了小规模的自酿车间，后选址在青铜峡建立联合酒庄，并逐渐扩大经营规模。

酒庄每年都会举办全国性的投产众筹葡萄酒活动。从原料采收、酿造过程、工艺设备到包装辅料的使用，完整的酿造过程都向参与者公开。每逢酿季，酒庄都会招待来自全国的独立酿酒师及葡萄酒爱好者，让更多爱好者一起参与酿造，深入了解过程中的每一个真实细节。经过4年多的发展，酒庄属下的众多"赤恋酒窖"以期酒众筹的直供模式，剥离多层渠道层层叠加的利润，以更合理的价格惠及葡萄酒爱好者，让全国各地越来越多的人参与联合农科的葡萄酒众筹活动。

贺兰芳华酒庄
HolyFun Vineyard

三级庄
王新雯
宁夏青铜峡市邵岗镇大沟村

葡萄园概况

栽培师：王筱毅
首批栽培年份：1997年
葡萄园总面积：550亩
栽培葡萄品种：赤霞珠、美乐、蛇龙珠、马瑟兰

酿酒概况

酿酒师：[西班牙]乔斯·埃而南德斯·冈萨雷斯（Jose Hernandez Gonzalez）、邓钟翔
首款酒酿造年份：2011年
葡萄酒年产量：16万瓶
产品类型：干红、桃红
品牌系列：贺兰芳华、酒开芳华、开芳开华

推荐酒款

酒款名称：贺兰芳华·2015赤霞珠干红葡萄酒
推荐年份：2015年
葡萄品种：78%赤霞珠、22%美乐
产品类型：干红
酿酒工艺：法国新橡木桶陈酿18个月
品　鉴　词：呈深邃的宝石红色，展现出熟美的黑色水果香气和浓郁的烘烤香气，口感顺滑，单宁细腻，优雅绵长。
荣誉奖项：2016品醇客亚洲葡萄酒大赛（Decanter Asia Wine Awards）银奖

贺兰芳华酒庄：
贺兰山下，酝酿芳华

贺兰芳华酒庄位于青铜峡市甘城子地界，比邻黄河，背依贺兰山，首批酿酒葡萄种植于1997年。源于庄主王新雯女士对田园生活的喜爱和向往，她将贺兰芳华打造成了一个隐匿于山林间，可看流水可看山的田园式酒庄。

与宁夏贺兰山东麓产区大多数酒庄不同的是，贺兰芳华酒庄聘请西班牙酿酒师乔斯（JOSE）负责酒庄的酿造及种植管理工作，这位西班牙酿酒师和酒庄的气质相合，在酿造过程中，最大可能地顺其自然，减少人为干预，酿造更能表达宁夏贺兰山东麓产区风土的葡萄酒。

"贺兰芳华"意为美好年轻又充满活力，酒庄的独特个性，体现在酒庄始终希望将田园生活的理念贯穿到酒庄的生活中去。面向远山，触碰田间的色彩，品尝自然的芬芳，欢声笑语，就是在享受"芳华"。

皇蔻酒庄
Huangkou Winery

五级庄

谢生利、张雪妍、方亮

宁夏吴忠青铜峡市马莲沟路1号

 葡萄园概况

栽培师：李刚
首批栽培年份：2008年
葡萄园总面积：2000亩
栽培葡萄品种：赤霞珠、西拉、马瑟兰、小芒森、小味儿多、马尔贝克、紫大夫、美乐

 酿酒概况

酿酒师：方亮
首款酒酿造年份：2010年
葡萄酒年产量：66万瓶
产品类型：干红、桃红、贵腐甜白
品牌系列：皇蔻

 推荐酒款

酒款名称：皇蔻小芒森贵腐甜白葡萄酒
葡萄品种：小芒森
产品类型：甜型
品鉴词：酒体呈金黄色，蜂蜜、菠萝、芒果等多种热带水果气息伴随烤杏仁、蜜饯等香气，浓郁持久，入口圆润顺滑，唇齿留香，甜而不腻，回味无穷。
荣誉奖项：2020G100国际葡萄酒及烈酒评选赛大金奖

皇蔻酒庄：
不做一瓶差酒

皇蔻酒庄地处青铜峡鸽子山地界，与一座明代烽火台相望，并以神话故事中的仙草"皇蔻"为名。酒庄的发展，担得起踏实和务实两个词。

为了潜心酿好酒，酒庄建设前期将所有的心血都投入葡萄园的种植管理和酿造优质葡萄酒中，构建了一套最适合酒庄自身的葡萄园管理和酿造生产模式：酒庄主体四周采用回字型的建筑结构，独立的设备、科研、质控、生产、物料和办公区划，保证各区划四季恒温恒湿，冬暖夏凉，高效利用自然风土，实现生产生活节本降耗的功能。深1.5米的半地下结构生产区，利用四周密集的窗户，满足生产所需温度并使空气自由流通，实现烟囱效应，节能减耗降本。

"不做一瓶差酒"是酒庄始终践行的理念和准则，皇蔻酒庄的核心团队都是具有十多年从业经验的葡萄酒专业人员，他们懂种植、懂酿造，对宁夏贺兰山东麓产区充满热情和期待。现在，皇蔻已经拥有多项发明专利和实用新型专利，成为产区"科技创新的践行者"。除此之外，酒庄还运用数据追溯系统，真正实现了酒庄数字化智能管理。

容园美酒庄
Rongyuanmei Winery

五级庄

王旭东

宁夏青铜峡市邵岗镇甘城子村

葡萄园概况

栽培师：康军芳
首批栽培年份：2003年
葡萄园总面积：1000亩
栽培葡萄品种：蛇龙珠、赤霞珠、美乐、西拉、马尔贝克、马瑟兰

酿酒概况

酿酒师：邓钟翔
首款酒酿造年份：2014年
葡萄酒年产量：30万瓶
产品类型：干红
品牌系列：容园美红方印、榜荣状元

推荐酒款

酒款名称：容园美特级珍藏干红葡萄酒
推荐年份：2017年
葡萄品种：西拉
产品类型：干红
酿酒工艺：橡木桶陈酿12个月
品 鉴 词：呈通透的深宝石红色，深邃的红果香气混着香草和香辛料扑鼻而来，玫瑰花香在唇齿间若隐若现，单宁饱满紧致。
荣誉奖项：2020AWSA亚洲侍酒师-中国葡萄酒&烈酒大赏双金奖

容园美酒庄：
容园四季藏秀，一庄纳尽千秋

容园美酒庄的名字包含文化寓意，"容"——有容乃大的格局；"园"——源于自然的信仰；"美"——传承美德的品质。容园美是一座小而美的精品酒庄，其中蕴藏着强大而厚实的力量与野心。酒庄创建于2007年，以西拉为代表作品，少量的马尔贝克作为小众品种，都是浓郁且结构感较强的酿酒葡萄品种。

"容园四季藏秀，一庄纳尽千秋。匠心酿造美酒，情怀汇聚雅友。"容园美是酒庄的名字，也是创造者的梦想。用乐观积极的心态、执着的工匠精神、尊重自然的理念来经营酒庄，酿造美酒，达到"人美、酒美、自然美"的境界。酒标设计尽显中国传统文化，以中国红为主要色调，配以书法字体和传统印章，整体简单且庄重大气。

容园美庄主王旭东对葡萄酒饱含爱与信仰，用国风、用诗词、用中国传统文人雅士的元素来表达他心中的中国个性葡萄酒，以酒为媒，让世界了解中国文化。

古城人家酒庄
Ancient City Chateau

宁夏青铜峡市邵岗镇大沟村

葡萄园概况

栽培师：王升
首批栽培年份：2008年
葡萄园总面积：200亩
栽培葡萄品种：赤霞珠、马瑟兰、马尔贝克

酿酒概况

酿酒师：刘国华
首款酒酿造年份：2015年
葡萄酒年产量：13万瓶
产品类型：干红
品牌系列：夏梵、夏樾、夏尚、香麓

推荐酒款

酒款名称：夏樾·庄主珍藏干红葡萄酒
推荐年份：2018年
葡萄品种：赤霞珠
产品类型：干红
酿酒工艺：橡木桶陈酿14个月
品鉴词：酒体呈紫红色，澄清透亮。带着紫罗兰、黑莓、杏仁和香辛料的气味。酒体饱满，平衡，具有矿物质的味道。
荣誉奖项：2019品醇客世界葡萄酒大赛（Decanter World Wine Awards）铜奖
2018"一带一路"国际葡萄酒大赛金奖

古城人家酒庄：
作伴古城的青衫酒客

"落日古城角，把酒劝君留。"

古城人家酒庄位于青铜峡市邵岗镇，是一座建在古城遗址旁边的酒庄。

不得不说酒庄选址的眼光是非常厉害的，这里的土质非常适合酿酒葡萄的生长。据说当年修筑甘城子古城堡时，因此地缺水且多沙砾少土壤，军士们遍剖诸崖谷，得壤土数处；送水车数十辆，到距离城堡几十里之外的唐徕渠取水，与壤土、砾石相拌，就这样甘城子古堡才得以夯筑而成。谁都不曾料到，多年以后如此苛刻的条件竟成就了古城人家酒庄得天独厚的种植酿造条件。

酒庄虽生在萧索贫瘠的砾石地，却犹如一位文雅的青衫酒客，其酒款的命名美妙又耐人寻味，如"夏"系列中，"夏樾"有葡萄树下之意；"夏梵"与"下凡"同音，寓意非比寻常的酒；"夏尚"则有紧跟时尚之意；"香麓"是采用酒庄内最早的一批葡萄所酿，取名也是与"贺兰山东麓"相呼应。古城人家酒庄的赤霞珠所酿之酒香气十分突出，能够明显体现甘城子地区的特色。

雅岱酒庄
Yadai Estate

王灿辉
宁夏青铜峡市邵岗镇甘城子老城古遗址旁

葡萄园概况

首批栽培年份：1999年
葡萄园总面积：1144亩
栽培葡萄品种：赤霞珠、马瑟兰、蛇龙珠、霞多丽、品丽珠

酿酒概况

酿酒师：李永山
首款酒酿造年份：2016年
葡萄酒年产量：16万瓶
产品类型：干红、干白
品牌系列：甘成古堡、雅岱

推荐酒款

酒款名称：甘成古堡·珍藏干红葡萄酒
推荐年份：2017年
葡萄品种：赤霞珠、美乐
产品类型：干红
酿造工艺：橡木桶陈酿12个月
品　鉴　词：果香丰富，酒体饱满，单宁细腻。

雅岱酒庄：
旧时风景，酿味甘成

雅岱酒庄位于甘城子古城址旁边，从独特的地理环境及其历史背景中汲取文化价值，并发展酒庄品牌——甘成古堡。

甘成古堡中的"甘成"，既有甘露天成之意，也与"甘城子"同音；古堡，即指甘城子古城。甘成古堡系列产品以贺兰山岩画的部分元素和甘城子古城址作为酒标的设计灵感，每款酒都将古城遗址的不同截面作为酒标元素，体现岁月的沉淀。

酒庄于1999年栽培第一批葡萄树，现在已有20余年的树龄。在管理葡萄园方面，酒庄也注重洁净与自然，发展有机葡萄园，降低人工对于葡萄园的干预，保持葡萄园本身的活力和生物多样性，着眼于葡萄园的长期成长，使葡萄园以最自然的状态承接风土，孕育美酒。甘露天成，这样的葡萄园管理方式就是在充分还原"天成"的过程，尊重"甘露"的结果。

金沙湾酒庄
Jinshawan Winery

四级庄

肖天鹏
宁夏青铜峡市109国道南侧中华黄河坛景区内

葡萄园概况

栽培师：梁玉文
首批栽培年份：2012年
葡萄园总面积：500亩
栽培葡萄品种：赤霞珠、美乐、北玫和北红

酿酒概况

酿酒师：潘洁
首款酒酿造年份：2012年
葡萄酒年产量：16万瓶
产品类型：干红、半甜红、半甜桃红
品牌系列：博山、智川、四方神兽系列（"青龙""白虎""朱雀""玄武"）

推荐酒款

酒款名称：金沙湾玄武干红葡萄酒
推荐年份：2016年
葡萄品种：80%赤霞珠、20%美乐
产品类型：干红
酿造工艺：法国新橡木桶陈酿10个月
品 鉴 词：颜色绚丽，呈深宝石红色，奶油、巧克力和橡木桶烘烤味完美结合，单宁细腻柔顺，结构平衡饱满，入口圆润丝滑。

金沙湾酒庄：
山与水的眷顾

金沙湾酒庄位于青铜峡水库上游，藏于中华黄河坛景区内，背靠贺兰山山脉，与牛首山隔河相望。两山之间，黄河浩浩荡荡穿行而过，自南向北经过一个S形大湾进入青铜峡峡谷，峡谷入口西侧山体被一片金光闪闪的黄沙覆盖，"金沙湾"由此得名。

酒庄建立伊始便以遵循自然、平衡、和谐为发展理念。金沙湾酒庄的葡萄园分布在牛首山与黄河接壤的缓坡上，采用登高式缓坡种植。一行行葡萄树沿着缓缓的山体层层排布，绵延而下。通风透光、品质优良，这是人工栽培技术与自然之力的完美融合。

酒庄内有落地窗观景台，向外远眺为壮阔的黄河湾，近处是酒庄种植的特色酿酒葡萄品种园——北玫和北红。这两个品种耐寒，酒庄在葡萄树龄达到3年之后便不再进行冬季埋土，利用品种良好的酸度酿造的半甜葡萄酒——酒庄四方神兽系列中的"朱雀"十分讨喜。金沙湾酒庄还拥有"博山""智川"系列产品，意在表达这片山河之间的葡萄园独特的自然条件与壮美景色。

御马酒庄
Imperial Horse Winery

四级庄

尹向彬

宁夏青铜峡市贺兰山沿山公路116公里处

葡萄园概况

栽培师：盛军平

首批栽培年份：1998年

葡萄园总面积：20000亩

栽培葡萄品种：美乐、赤霞珠、霞多丽、其他

酿酒概况

酿酒师：白稳红

首款酒酿造年份：1998年

葡萄酒年产量：260万瓶

产品类型：干红、干白、桃红

品牌系列：甘堡、御马等

推荐酒款

酒款名称：御马酒庄赤霞珠干红葡萄酒

推荐年份：2016年

葡萄品种：赤霞珠

产品类型：干红

品　鉴　词：呈深宝石红色，洋溢着浓郁成熟的黑莓、咖啡豆、香草、菌类等复杂香气，酒体醇厚饱满，回味悠长。

荣誉奖项：2018布鲁塞尔国际葡萄酒大赛（Concours Mondial de Bruxelles）银奖

御马酒庄：
把葡萄酒变成生活的一部分

御马酒庄创立于1998年，是青铜峡最早的葡萄酒企业之一。酒庄种植有20000亩葡萄园，设备齐全，均采用世界先进设备，最大产能达2000吨。

在经营理念上，御马酒庄非常务实，认为产品首先需要迎合市场的需求。因此御马酒庄的产品价格亲民，品质稳定，在宁夏当地有着相当高的市场占有率，大部分的超市和便利店里都可以看到御马的产品。御马酒庄的酒瓶设计也很特别，会按照市场需求做一些更契合大众审美的包装，真正做到让葡萄酒走进老百姓的生活。

马兰花酒庄
NINGXIA MALANHUA ESTATE

董学斌
宁夏青铜峡市鸽子山葡萄酒文旅小镇

 葡萄园概况

栽培师：郭自平
首批栽培年份：2016年
葡萄园总面积：161亩
栽培葡萄品种：西拉、马瑟兰

 酿酒概况

酿酒师：邓钟翔
首款酒酿造年份：2018年
葡萄酒年产量：3万~5万瓶
产品类型：干红
品牌系列：马兰花、葡小白、赫本·兰黛

推荐酒款

酒款名称：马兰花马瑟兰干红葡萄酒
推荐年份：2018年
葡萄品种：马瑟兰
产品类型：干红
品 鉴 词：呈深邃的紫黑色，成熟的黑果气息逸杯而出，黑加仑、黑樱桃混着微微的香草和太妃糖的气息，单宁集中紧致，酒体浓郁饱满。

马兰花酒庄：
蹄疾步稳，马兰花开

"马兰花，马兰花，风吹雨打都不怕。"这是宁夏人都耳熟能详的一首童谣。在马兰花酒庄，这朵小而美的花象征着庄主儿时美好的回忆：被妈妈养护着的马兰花，春天开出紫色的花，半米多高的叶片，秋天被收割后做成下一年端午时节包粽子的一根根系绳。

马兰花的生命力顽强，即使在恶劣的环境条件下，也能开花结果，与大西北的生态环境相契合。酒庄以马兰花为名，正是立志在宁夏这片贫瘠的土地上，不畏风雨和艰辛，结出累累硕果，给这片土地留下绚丽的风景。

马兰花酒庄自2016年开垦土地以来，稳扎稳打，一步一个脚印，优质葡萄园、自产葡萄酒、成熟的营销体系都已完备。然而庄主的志向不止于此，在酒庄的未来规划上，蹄疾步稳，将精品酒庄与文化旅游融合发展。预计在五年内，建成"篝火广场""阳关客栈""自酿工坊"等一系列餐饮住宿项目，形成完整的文化旅游体系，最终将马兰花酒庄建成一个集露营垂钓、观光采摘、种菜养鸡、休闲餐饮、民宿客栈为一体的美丽田园共享农庄。

怡园酒庄
Grace Vineyard

陈芳
宁夏青铜峡市大坝镇大中公路

葡萄园概况

栽培师：蔡长建
首批栽培年份：2011年
葡萄园总面积：1100亩
栽培葡萄品种：美乐、赤霞珠、品丽珠

酿酒概况

酿酒师：赵晓涛
首款酒酿造年份：2017年
葡萄酒年产量：130万瓶
产品类型：干红
品牌系列：怡园

推荐酒款

酒款名称：留白干红葡萄酒
推荐年份：2017年
葡萄品种：90%西拉、10%赤霞珠
产品类型：干红
酿造工艺：法国橡木桶陈酿14个月
品鉴词：明亮深红色的酒液，伴有浓郁的黑莓、八角、茴香以及烘烤橡木和肉豆蔻的香气。单宁细致，充足的酸度和甜度平衡良好。
荣誉奖项：2021年国际葡萄酒暨烈酒大赛（International Wine & Spirit Competition）银奖

怡园酒庄：
静下心来，做好酒

宁夏怡园酒庄隶属怡园酒业集团。为了让怡园酒庄成为一个可传承百年的精品葡萄酒品牌，怡园集团决定发展双产区战略，实现优势互补，把酒庄做精做美，怡园酒庄与宁夏贺兰山东麓的缘分由此展开。

怡园酒庄始终秉持着"静下心来，做好酒"的理念，在葡萄酒酿造上坚持探索。2011年，怡园酒庄就在宁夏为葡萄种植做好准备，2021年，宁夏怡园酒庄正式推出第一款产品——留白。十年磨一剑的留白，是怡园酒庄用时间、风土和匠心，精心酿造的珍品。

"懂得留白之美，既是懂得欣赏那些藏在所见之外的想象空间，也是懂得给自己留白，慢下来，让生活收放自如。"这是怡园酒庄少庄主陈芳接管家族酒庄以来，葡萄酒酿造艺术给予她的启迪，也是她作为一个中国人希望酒庄能向世界传达有关中国文化的审美自信。

禹皇酒庄
Chateau Yuhuang

四级庄

李文德

宁夏青铜峡市甘城子地区
沿山公路以西1500米处

葡萄园概况

栽培师：张正华
首批栽培年份：2006年
葡萄园总面积：8205亩
栽培葡萄品种：蛇龙珠、赤霞珠、贵人香、美乐、马瑟兰、霞多丽、西拉、威代尔、黑比诺

酿酒概况

酿酒师：王一璐
首款酒酿造年份：2009年
葡萄酒年产量：35万瓶
产品类型：干红、干白、半甜白、半甜桃红
品牌系列：公、侯、伯、子、男系列

推荐酒款

酒款名称：禹皇男爵蛇龙珠干红葡萄酒
推荐年份：2016年
葡萄品种：蛇龙珠
产品类型：干红
品　鉴　词：酒体结构丰富，平衡完美，口感成熟饱满，个性独特，表现不凡。

禹皇酒庄：
以德治酒，载禹入酒史

"贺兰山下白云飞，禹皇治水至东篱；昔日一边戈壁滩，如今绿洲赛江南。"

禹皇酒庄位于青铜峡核心区——甘城子区，酒庄名称结合了当地的地域文化。相传上古时期黄河流入宁夏境内，山阻水道，洪水四溢，大禹来此地治水，斧劈牛首山而立青铜峡，得后世称颂。这座簇新、宏伟的中式酒庄就建在当年大禹酣食葡萄之地、大禹治水的官邸处。

曾经这里满地荒芜，"风吹石头跑，地上没有草，树上没有鸟"。想在这里开发建立酒庄是非常难的事情。好在酒庄的初创者兄弟二人本就是建设修路工程出身，有较健全的机械设备，冥冥之中注定着禹皇酒庄将与这片土地结缘。

自2013年至今，禹皇酒庄的产品共获得了59项国内外大奖，其中国际大奖29项。酒庄将其奉行的企业文化"尚德治酒"四个大字印在大门的牌匾上。"尚德"体现着做人做事的态度，"治酒"体现着工匠精神，禹皇酒庄以此四个字为座右铭规范自身。

甘麓酒庄
Sweet Dew Vineyard

梁宁

宁夏青铜峡市邵岗镇玉西村

葡萄园概况

栽培师：梁宁
首批栽培年份：2002年
葡萄园总面积：300亩
栽培葡萄品种：美乐、赤霞珠、品丽珠、西拉、小芒森、马瑟兰

酿酒概况

酿酒师：梁宁
首款酒酿造年份：2015年
葡萄酒年产量：3万～5万瓶
产品类型：干红、甜型桃红、甜白葡萄酒
品牌系列：甘麓

推荐酒款

酒款名称：甘麓·风庄主私藏西拉干红葡萄酒（限量版）
推荐年份：2019年
葡萄品种：西拉
产品类型：干红
酿酒工艺：橡木桶陈酿12个月
品 鉴 词：呈深宝石红色调，果香馥郁芳香，单宁细腻而紧致，口感饱满，回味持久，平衡优雅，适合陈年。
荣誉奖项：2022品醇客世界葡萄酒大赛（Decanter World Wine Awards）铜奖
2022 IGC国际葡萄酒与烈酒大赛银奖

甘麓酒庄：
天赐甘麓，风土使然

甘麓酒庄，是一段关于90后青年酿酒师的奋斗史。酒庄的总经理、酿酒师梁宁曾就读于山东农业大学葡萄与葡萄酒工程专业，毕业后一直在做酿酒师，在建立酒庄之前就已经积累了一定的酿酒经验，建立自己的酒庄后又同时肩负起了酒庄管理工作。对他来说，守好这样一个小型的家族式酒庄，能够为后世留下一份基业，是非常幸福的事情。

青铜峡复杂多变的地块赋予了葡萄酒特有的风土特征。甘麓酒庄的产品都有着非常细腻的单宁质感，以及良好的平衡度。酒庄生产的"甘麓风、雅、颂"系列优质葡萄酒每年都有不俗的表现，以具有产区风土特色的经典混酿和单一品种葡萄酒为主。

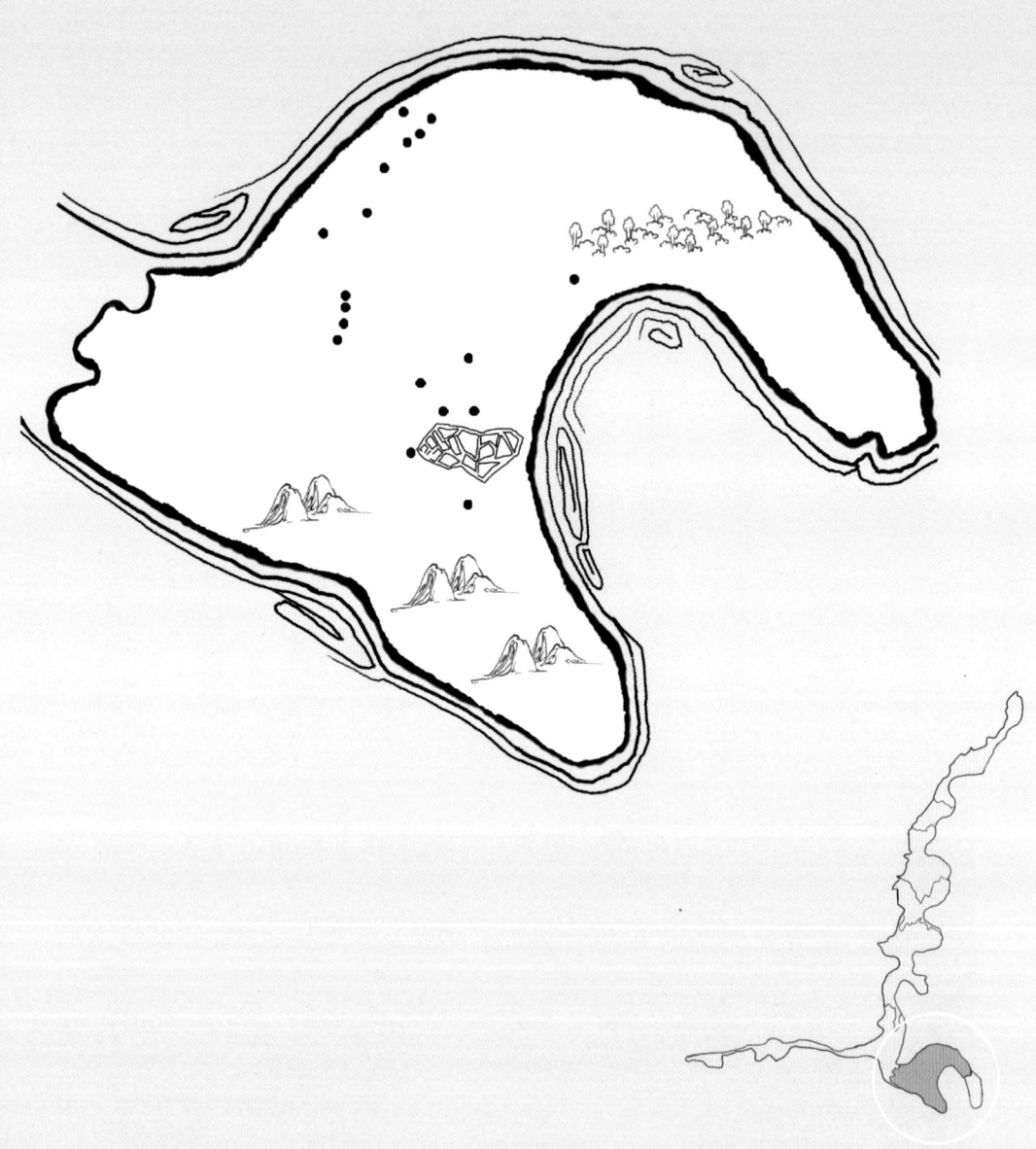

红寺堡

Hongsipu

红寺堡是中国最大的生态移民区。2007年红寺堡才开始发展葡萄酒产业，但是发展速度很快。红寺堡位于贺兰山东麓葡萄酒地理标志保护区的最南端，这里已经没有了贺兰山的阻挡，强劲的大风是种植农作物首先要面对的问题。但是大风也降低了病虫害的发生率，这为有机种植创造了条件，目前红寺堡有13家葡萄酒企业通过了有机认证。

红寺堡的年均降雨量约260毫米，比宁夏其他葡萄种植区域略高，而强劲的风力也增加了蒸发量，这让红寺堡的年蒸发量轻易地超过2000毫米。红寺堡地势南高北低，平均海拔1240~1450米。相对于其他区域来说，这里葡萄生长季的气温更低，昼夜温差也较大，这意味着红寺堡有条件生产出香气更精致的葡萄酒。

汇达酒庄
Chateau Huida

三级庄

豆孝明

宁夏吴忠市红寺堡区定武高速路口

葡萄园概况

栽培师：刘建华
首批栽培年份：2012年
葡萄园总面积：6400亩
栽培葡萄品种：赤霞珠、美乐、黑比诺、品丽珠、霞多丽、马瑟兰、北红、威代尔、北玫、马尔贝克、维赛尼尔

酿酒概况

酿酒师：李财
首款酒酿造年份：2013年
葡萄酒年产量：66万瓶
产品类型：干红、干白、半干型桃红、白兰地
品牌系列：千红裕、贝娜尼、陇尚红

推荐酒款

酒款名称：千红裕·钻石级赤霞珠干红葡萄酒
推荐年份：2018年
葡萄品种：赤霞珠
产品类型：干红
酿酒工艺：破碎发酵，低温浸渍法，法国橡木桶陈酿10个月
品　鉴　词：宝石红色的酒液，馥郁的樱桃、黑加仑、甘草和香料气息，香气强劲。酒体丰满、醇厚，入口圆润，令人愉悦。
荣誉奖项：2016吉伯特&盖拉德（Gilbert &Gaillard）国际葡萄酒大赛金奖

用心酿造中国好葡萄酒

汇达酒庄：
铁汉柔情，真实风土表达者

汇达酒庄的内外建筑无不表达着浓烈的西北风情。廊腰缦回，檐牙高啄，踏着中式庄园的城墙观赏酒庄葡园，庄园地下又是独具特色的"窑洞"酒窖，酒庄还设有农家乐餐厅和西北大炕。完整的观赏线也让酒庄成为到红寺堡旅游的必去之地。

汇达酒庄作为红寺堡区葡萄产业重点龙头企业，自建设以来，解决了不少贫困户的生活问题，逐步帮助越来越多的移民实现了"脱贫致富"的梦想。酒庄的庄主和酿酒师都是憨厚豪爽的西北汉子，但是酒庄管理一点儿也不含糊，有机管理的葡园、整齐的车间、干净的酒窖和有序的生产线，反而体现着西北汉子的细腻。

酒庄的代表性酒款"千红裕"系列葡萄酒，柔顺和遒劲毫不冲突地融合在酒中，表达着红寺堡的风土特色，在国内外葡萄酒赛事上多次斩获大奖。

凯仕丽酒庄
Castaly

五级庄

郑永金

宁夏吴忠市红寺堡区杞福街

葡萄园概况

首批栽培年份：2006年

葡萄园总面积：16800亩

栽培葡萄品种：赤霞珠、美乐、蛇龙珠、马瑟兰

酿酒概况

酿酒师：[澳]大卫·泰尼（David Tyney）

首款酒酿造年份：2008年

葡萄酒年产量：26万瓶

产品类型：干红、半甜红、半干桃红、半甜桃红、干白

品牌系列：凯仕丽

推荐酒款

酒款名称：凯仕丽神话干红葡萄酒

推荐年份：2019年

葡萄品种：90%赤霞珠、10%美乐

产品类型：干红

品鉴词：黑莓、酸樱桃、香草的香气与胡椒和花朵的芬芳相得益彰。口感圆润，还有红樱桃和甘草等香辛料的香气，复杂多变，单宁细腻，中等长度的回味中显现出了轮廓分明的骨架。

荣誉奖项：2022 WINE葡萄酒第14届金樽奖金樽大奖

凯仕丽酒庄：
在戈壁沙漠嵌入一方绿洲

凯仕丽酒庄拥有简约气派的现代化外观建筑和精致简约的内部设计，整体风格清新不落俗套，经典亦时尚。作为红寺堡产区的第一家葡萄酒庄，凯仕丽酒庄的发展潜力是无限的。

20多年前，响应"西部大开发"的号召，凯仕丽酒庄的创始团队走进祖国的大西北，20年西北的风，凉不了他们的热血；种葡萄、建酒庄……凯仕丽带领红寺堡的移民开垦出一片葡萄酒新天地，为当地培养了一千多名种植葡萄的专业人才，用自己的力量改变着这片戈壁荒滩，把满眼荒芜变成一片绿洲。2020年9月，凯仕丽葡萄酒被列入国务院公布的第七批扶贫产品目录；另外，酒庄也获得了21世纪中国最佳商业模式评选——精准扶贫优秀企业奖。2022年，中国酒业协会葡萄酒分会授权凯仕丽酒庄使用"葡萄酒酒庄酒证明商标"。

"好酒是有声音的"，凯仕丽酒庄从创办至今匠心打磨，砥砺多年纵深推进酒庄发展。2019年被评为"最具潜力中国酒庄"，已连续两年合作《中国好声音》节目，共同拾梦葡萄酒，笙歌美酒，不负良辰，为产区发展汇入勃勃生机。

东方裕兴酒庄
D.F. Yuxing Winery

四级庄

刘全祖

宁夏吴忠市红寺堡区罗山葡萄文化产业示范园区B1-2

葡萄园概况

栽培师：刘海军
首批栽培年份：2013年
葡萄园总面积：600亩
栽培葡萄品种：赤霞珠、美乐、蛇龙珠

酿酒概况

酿酒师：吴秀勇
首款酒酿造年份：2013年
葡萄酒年产量：26万瓶
产品类型：干红、干型桃红、利口酒
品牌系列：戈蕊红

推荐酒款

酒款名称：戈蕊红金樽赤霞珠干红葡萄酒
推荐年份：2017年
葡萄品种：88%赤霞珠、12%蛇龙珠
产品类型：干红
酿酒工艺：橡木桶陈酿12个月
品鉴词：呈深宝石红色，香气浓郁，黑醋栗、黑李子、烤榛子、香料等气息和谐；口感圆润饱满，平衡协调，酒体中等，回味长。
荣誉奖项：2017、2018布鲁塞尔国际葡萄酒大赛（Concours Mondial de Bruxelles）大金奖

东方裕兴酒庄：
戈壁滩上绽放的红色花蕊

东方裕兴酒庄地处红寺堡区罗山葡萄文化产业示范园，即肖家窑地界。罗山脚下，葡萄园环绕四周，一座中式风格酒庄坐落在这里，清晨朝阳升起于酒庄背后，傍晚晚霞拂过屋顶弯檐，一派祥和包容、富裕兴盛的景象。

酒庄将中国传统文化元素由内而外地贯穿在酒庄的管理中。除了建筑风格外，酒庄的酒款名称也源于古诗。"戈蕊红"是酒庄的主打品牌，庄主刘全祖希望酒庄和酿造的葡萄酒，都能成为红寺堡这片戈壁滩上绽放的红色花蕊。酒庄的酒款系列分别为"戈蕊红·金樽""戈蕊红·玉碗"和"戈蕊红·夜光杯"，借用李白的诗句赋予葡萄酒美好的寓意。

庄主刘全祖和酿酒师吴秀勇在运营酒庄和酿造方面都崇尚尊重土地、尊重自然的理念，扎根于此，与酒庄和葡萄园一起成长。酒庄的酒款复杂浓郁，充满力量，层次多变，多次获得葡萄酒国际赛事奖项。正如酒庄的酿酒师所说，"红寺堡，这片纯净的土地，终将带给人们惊喜！"

红寺堡酒庄
Hongsibao Winery

四级庄

白军
宁夏吴忠市红寺堡区城北葡萄文化产业园

葡萄园概况
栽培师：张涛
首批栽培年份：2014年
葡萄园总面积：2600亩
栽培葡萄品种：赤霞珠、美乐、摩尔多瓦、蛇龙珠、西拉、马瑟兰

酿酒概况
酿酒师：江涛
首款酒酿造年份：2016年
葡萄酒年产量：200万瓶
产品类型：干红、甜红、桃红、干白
品牌系列：流域系列、彩酝系列、宏图系列、1236系列

推荐酒款
酒款名称：红寺堡—橡木桶赤霞珠干红葡萄酒
推荐年份：2016年
葡萄品种：赤霞珠
产品类型：干红
品鉴词：酒体丰满，呈宝石红色，结构平衡，成熟的李子、蓝莓和覆盆子的香气令人陶醉。口感甘美，单宁细腻，回味悠长。
荣誉奖项：2022布鲁塞尔国际葡萄酒大赛（Concours Mondial de Bruxelles）金奖

红寺堡酒庄：
努力耕耘，饮水思源

红寺堡酒庄是一家集葡萄种植、葡萄酒生产、科研试验和观光旅游为一体的酒庄，地处京藏、定武高速公路出口处，与粼粼紫光湖和苍翠元宝山仅有一墙之隔。酒庄依山傍水，湖光山色、景色宜人，有红寺堡区龙首之美誉。

红寺堡酒庄现有葡萄园2600亩，缓坡地势，土壤类型多样，种植了多种酿酒葡萄，因此在酿造过程中酿酒师会进行很多的创新和尝试。酒庄的酒款系列无不体现着其对红寺堡这片土地的热爱，也蕴含着纪念红寺堡产区人民努力耕耘、饮水思源的深意。"1236"干红系列就是为纪念宁夏扶贫扬黄灌溉"1236"工程而做，红寺堡是"1236"工程的主战场。

从荒地开垦到葡萄种植，庄主白军先生对葡萄园的每一片土地都了解入微，对各区域的葡萄品种如数家珍。秉承"七分种植，三分酿造"的理念，他要求必须严格管理酒庄的葡萄园，保证葡萄原材料的优质，才能酿造品质优异的葡萄酒。

目前酒庄的旅游接待设施已趋于完善，酒庄的建筑风格也是现代派的实用建筑风格，打造"一山一湖一庄"的美妙环境，已成为红寺堡葡萄酒旅游度假的优选之地。

江源酒庄
Chateau J. L jiangyuan

江长发
宁夏吴忠市红寺堡区肖家窑葡萄文化产业园区

 葡萄园概况

首批栽培年份：2012年
葡萄园总面积：1600亩
栽培葡萄品种：赤霞珠

 酿酒概况

酿酒师：代忠龙
首款酒酿造年份：2016年
葡萄酒年产量：13万瓶
产品类型：干红、桃红
品牌系列：金麓江源

推荐酒款

酒款名称：金麓江源金麓级赤霞珠干红葡萄酒
推荐年份：2017年
葡萄品种：赤霞珠
产品类型：干红
品 鉴 词：呈宝石红色，澄清有光泽，具有浓郁优雅的香草及李子的香气；经橡木桶陈酿，酒体厚实优雅，入口圆润饱满，持续的单宁作用和酸度使得该酒回味绵长。
荣誉奖项：2019"一带一路"国际葡萄酒大赛银奖

江源酒庄

江源酒庄位于中国葡萄酒第一镇的宁夏红寺堡，成立于2015年，是一家集休闲娱乐、旅游度假、加工酿造与销售为一体的生态酒庄。每当傍晚来临，一抹余晖与酒庄共同绘制着一幅悠远怡然的画作。

酒庄依托罗山国家级自然保护区的天然优势，坚持原生态、无公害的绿色种植方式，用加工压榨食用油废弃的油坨作为葡萄的肥料。庄主江长发先生对葡萄的种植管理十分认真严谨，是真诚地想做好每一款酒，才有取之不竭地灵感去探索更适用于自己酒庄种植和酿造的方式。

酒庄希望在这片有着深厚感情的土地上酿造出独特的葡萄酒，真正表达出天赐的风土条件。

龙驿酒庄
Chateau Longyi

五级庄

张月峰

宁夏吴忠市红寺堡区弘德工业园区

葡萄园概况

栽培师：高军
首批栽培年份：2011年
葡萄园总面积：8160亩
栽培葡萄品种：赤霞珠、西拉、美乐、蛇龙珠、霞多丽、雷司令

酿酒概况

酿酒师：白桂东
首款酒酿造年份：2013年
葡萄酒年产量：200万瓶
产品类型：干红
品牌系列：龙驿

推荐酒款

酒款名称：龙驿赤霞珠陶酿干红葡萄酒
推荐年份：2015年
葡萄品种：赤霞珠
产品类型：干红
酿酒工艺：中国陶罐陈酿
品　鉴　词：宝石红色的酒液。红色水果香气馥郁，入口轻柔，果香浓郁。单宁细腻柔和，酒体纯净，干净易饮。

龙驿酒庄：
自然为浆陶为皿

"葡萄酒自然的是最好的"。纯净，是龙驿酒庄在种植、酿造、陈年的过程中最高的追求目标。龙驿酒庄拥有八千余亩有机葡萄园，坚守纯净理念。

葡萄酒的陈年方式上，龙驿酒庄选择了一条与众不同的道路。龙驿酒庄大多数的葡萄酒是放在陶罐中陈年的。酒庄共从四川定制了数百个陶罐，每个陶罐的容量为1000升。据说罐壁具有轻微的透氧作用，可以让葡萄酒在微氧化的环境下陈年。同时，储存在陶罐中的葡萄酒并不会进行冷处理和过滤，而是让其缓慢地稳定和沉淀，这个过程至少需要一年的时间，并且还要在装瓶后储存至少六个月才能上市销售。龙驿酒庄的陶罐陈年酒对于那些不喜欢橡木风味的饮家来说有着特别的吸引力。

葡萄酒是自然的作品，一瓶好的葡萄酒应该体现的是风土最本真的滋味。龙驿陶罐葡萄酒能够最大程度地保留产区风土特点与自然的清香，成为宁夏贺兰山东麓产区的一股清风。

罗山酒庄
Chateau Luoshan

四级庄

王锋

宁夏吴忠市红寺堡区滚新公路罗山路罗山酒庄

葡萄园概况

栽培师：乔文生
首批栽培年份：2007年
葡萄园总面积：1200亩
栽培葡萄品种：赤霞珠、美乐、马瑟兰、霞多丽、贵人香

酿酒概况

酿酒师：乔英波
首款酒酿造年份：2012年
葡萄酒年产量：60万瓶
产品类型：干红、干白、桃红
品牌系列：罗山传奇、罗山神韵、罗山之恋、罗山红、怀念

推荐酒款

酒款名称：罗山传奇赤霞珠干红葡萄酒
推荐年份：2016年
葡萄品种：赤霞珠
产品类型：干红
酿酒工艺：橡木桶陈酿12个月
品鉴词：呈宝石红色。香气浓郁，果香芬芳四溢。口感圆润柔滑，紧致的单宁让酒体更具质感，余味细腻绵长。
荣誉奖项：2017德国柏林葡萄酒大赛（Berliner Wein Trophy）金奖
2023年第十三届亚洲葡萄酒质量大赛金奖

罗山酒庄：
酒品人品，品人品酒

罗山坐落于宁夏中部，从高空俯视，像一座被"旱海"包围的绿岛，故有"旱海明珠，荒漠翡翠"的美称。它涵养水源、防风固沙，被当地人称为母亲山，罗山酒庄即以此山为名。

罗山酒庄的建筑外观为一栋红砖小洋房，颜色沉稳端庄。酒庄地下酒窖的墙上藏着葡萄园一年四季的风景，也蕴含着书、石、茶、酒的中国传统文化。是一家集生态、旅游、观光、休闲为一体的酒庄，每年都吸引大量游客前来，体验观光采摘、民俗风情、自助烧烤、篝火晚会等。

"一次罗山行，一生罗山情"，其产品品牌系列讲述了罗山的故事。红寺堡的罗山之恋那段美丽的爱情故事也赋予了罗山酒庄邂逅美好的佳话。"久久不见酒酒见，酒酒见过还想见"，不论是罗山的人还是情，皆是传奇神话。

红粉佳荣酒庄
Pink Carrin Winery

五级庄
马九虎
宁夏吴忠市红寺堡区柳泉乡茅头墩

 葡萄园概况

栽培师：刘建华
首批栽培年份：2008年
葡萄园总面积：10000亩
栽培葡萄品种：赤霞珠、霞多丽、美乐、黑比诺、马瑟兰、玫瑰香

 酿酒概况

酿酒师：朱晓忠、王一璐
首款酒酿造年份：2012年
葡萄酒年产量：150万瓶
产品类型：干红、干白、半干、甜白、白兰地
品牌系列：红粉佳荣、葡锦、紫云华庭、西丘液

 推荐酒款

酒款名称：红粉佳荣·水滴赤霞珠干红葡萄酒
推荐年份：2012年
葡萄品种：70%赤霞珠、20%美乐、10%蛇龙珠
产品类型：干红
酿酒工艺：橡木桶陈酿
品 鉴 词：酒体圆润，口感果味丰腴，单宁顺滑，有令人愉悦的香气。

红粉佳荣酒庄：
将浪漫传递给爱酒的佳人

红粉佳荣酒庄位于中国葡萄酒第一镇——红寺堡，背靠罗山，地处海拔1450米的高地。酒庄占地30000亩，其中酿酒葡萄种植10000亩，是一家集葡萄酒酿造、观光旅游和葡萄酒文化传播于一体的大型现代化、庄园式的葡萄酒生产企业。

红粉佳荣酒庄的成立和发展，少不了酒庄创建团队对葡萄酒的热爱和酒庄自身的坚韧不拔之志。因所处之地海拔较高，又靠罗山较近，风沙大，土地干旱，所以在酒庄成立初期，整理土地成了一大难题。为了让葡萄能够扎根，酒庄以深入地下数米的位置为水平线平整土地，葡萄园的种植方式也借鉴梯田的形式。除此之外，当地的水利设施也十分不便，酒庄想方设法兴修水利，在酒庄附近建设了一个水库，以方便葡萄园灌溉和酒庄用水……历经种种磨难，才有现在这样一座中式酒庄。

除此之外，酒庄的酒窖深入地下10米，形成自然的、理想的储存葡萄酒的环境。酒庄自有天然矿泉水，在葡萄酒酿造过程中，清洁用水皆为泉水。

卓德酒庄
Chateau Dryad

李志海
宁夏吴忠市红寺堡区滚新公路
罗山路C2路交叉向东300米

葡萄园概况

首批栽培年份：2013年
葡萄园总面积：500亩
栽培葡萄品种：赤霞珠、黑比诺、美乐、马瑟兰、西拉、霞多丽、马尔贝克、品丽珠、紫大夫

酿酒概况

酿酒师：李方
首款酒酿造年份：2014年
葡萄酒年产量：9万瓶
产品类型：干红、干白
品牌系列：卓德

推荐酒款

酒款名称：卓德精选西拉干红葡萄酒
推荐年份：2017年
葡萄品种：80%西拉、10%美乐、10%赤霞珠
产品类型：干红
酿酒工艺：橡木桶陈酿10个月
品鉴词：明亮的深紫红色，香气浓郁，具有典型醋栗、黑胡椒、巧克力、桑葚等香料、干花香气。口感细腻，结构扎实，风味优雅、浓郁、复杂，又不失细腻层次。
荣誉奖项：2020德国柏林葡萄酒大赛（Berliner Wein Trophy）金奖

卓德酒庄：
来自宁夏贺兰山东麓葡萄藤下的东方维纳斯

卓德，在汉语中寓意着"卓尔不凡、厚德载物"，也是由"Dryad"一词音译而来。Dryad 在古罗马、古希腊文化中意为森林女神。卓德酒庄的 logo 就是基于森林女神设计而成，以迅捷、聪明而且欢乐的形象出现在酒瓶上，充分展示了葡萄酒的优雅、清新。

卓德酒庄深谙只有种出好葡萄才能酿好酒的道理，一直秉持着"七分种植三分酿造"的理念。酒庄尊重自然，坚持有机种植，顺应自然风土，通过人工采摘，经穗选、粒选、整粒发酵的方式保持葡萄原生态。同时引进最先进的生产设备，由法国酿酒师团队专业指导葡萄酒酿造，卓德酒庄的产品既传承了中国西部边塞的豪放和神秘，又具备欧式的优雅和细腻。

明雨酒庄
Mingyu Winery

杨峰春
宁夏吴忠市红寺堡区罗山葡萄文化产业
示范园

 葡萄园概况

栽培师：田娜
首批栽培年份：2014年
葡萄园总面积：500亩
栽培葡萄品种：赤霞珠、蛇龙珠、美乐

 酿酒概况

酿酒师：闫国玲
首款酒酿造年份：2016年
葡萄酒年产量：13万瓶
产品类型：干红
品牌系列：雨醇

 推荐酒款

酒款名称：雨醇赤霞珠干红葡萄酒（优选级白虎款）
推荐年份：2018年
葡萄品种：赤霞珠
产品类型：干红
品　鉴　词：呈深宝石红色，散发出浓郁的黑巧克力、焦糖、香
　　　　　　辛料和黑色浆果香气，果香甜美，回味甘甜。
荣誉奖项：2021年中国（宁夏）国际葡萄酒大赛大金奖

明雨酒庄：
纯净风土源取日月之精华，润泽万物

明雨酒庄，明，精白也，即洁白干净。雨，润物者也，即滋养万物。

明雨酒庄的整体建筑是非常淳朴的西北农家宅院，非常符合红寺堡地区的风土人情，给人到酒庄就像回家一样的温暖和亲切感，同时也与酒庄绿色、自然与原生态的理念相契合。

庄主杨峰春是土生土长的红寺堡人，年轻时在一线城市打拼，始终牵挂着家乡，所以后来庄主辗转回到红寺堡，用自己的双手为家乡的建设添砖加瓦，让更多人了解家乡风景的美，感受家乡人民的热情，成功地打造了以有机种植、有机酿造、观光与销售为一体的综合性企业——明雨酒庄。

"雨醇"系列葡萄酒是明雨酒庄力推的优质有机葡萄酒，以绿色、有机为特色，以雨露恩泽皆为天赐风土为理念，在种植和酿造的过程中减少人工干预，尊重自然选择，通过葡萄酒来传递大地的呢喃，感受自然之美。

诗裕酒庄
Chateau Shiyu

熊新强
宁夏吴忠市红寺堡区经三路

葡萄园概况

栽培师：赵曙
首批栽培年份：2013年
葡萄园总面积：360亩
栽培葡萄品种：赤霞珠

酿酒概况

酿酒师：赵曙
首款酒酿造年份：2018年
葡萄酒年产量：26万瓶
产品类型：干红、干白、桃红、白兰地
品牌系列：诗裕

推荐酒款

酒款名称：诗裕赤霞珠干红葡萄酒
推荐年份：2018年
葡萄品种：赤霞珠
产品类型：干红
品 鉴 词：呈新鲜的宝石红色，酒体澄清透亮，成熟的李子香气夹杂些许花香，单宁适中，入口圆润舒适，回味悠长。

诗裕酒庄：
天地裕于万物，美酒裕于匠心

诗裕酒庄在2018年建庄，成立时间虽然不长，但已经是一家功能齐全、理念先进的企业，秉承"绿色、生态、有机、健康"的经营理念。

这里日照充足，昼夜温差较大，特有的砂石土壤不仅透气性好，且富含矿物质，这里的风土条件使诗裕酒庄的葡萄具有香气发育完全、色素形成良好、糖酸度协调等特征。酒庄聘请酿酒工程师赵曙担任总酿酒师，他认为酿好酒是酿酒师的担当和灵魂，也是诗裕酒庄的责任和使命，只有把好产品的每一道关，才能酿出让消费者喝得放心的好酒。

"诗裕"体现的是一种诗借酒神采飞扬，酒借诗醇香飘逸的情怀，也体现了天地裕于万物、美酒裕于匠心的一种匠人精神。

中贺酒庄
Zhonghe Winery

———

周德恒
宁夏吴忠市红寺堡区弘德工业园纬三路北

 葡萄园概况

栽培师：刘建华
首批栽培年份：2006年
葡萄园总面积：1200亩
栽培葡萄品种：赤霞珠、霞多丽、蛇龙珠、黑比诺

 酿酒概况

酿酒师：高远
首款酒酿造年份：2014年
葡萄酒年产量：26万瓶
产品类型：干红、干白、葡萄烈酒、白兰地
品牌系列：中贺、帝月

推荐酒款

酒款名称：三不知葡萄烈酒
葡萄品种：赤霞珠
产品类型：葡萄烈酒
酿酒工艺：一体化紫铜蒸馏工艺
品 鉴 词：清澈透亮，无沉淀。果香优雅，具有葡萄蒸馏酒的独特香气。入口绵柔而不失结构感，余味很长。
荣誉奖项：第九届亚洲葡萄酒质量大赛银奖

中贺酒庄

中贺酒庄成立于2013年，具有生产车间1900平方米，地下酒窖1200平方米，年加工葡萄酒能力2000吨，葡萄种植合作社共有基地1200亩。是一家集有机葡萄种植、葡萄酒酿造及销售为一体的综合性企业。

中贺酒庄坚持葡萄酒的酿造从源头抓起，因此葡萄园全部按有机产品要求进行栽培管理，目前基地原料已经获得国家颁发的有机食品证书。中贺的产品类型以白兰地和蒸馏酒为主，也有一部分红葡萄酒和白葡萄酒，这源于酒庄在蒸馏酒和白兰地领域的积极探索，中贺酒庄生产的"三不知葡萄烈酒"和"帝月烈酒"都有着十分不错的市场反馈。

兴宇酒庄
Xingyu Winery

刘武奇
宁夏吴忠市红寺堡区肖家窑
葡萄文化产业示范园区

葡萄园概况

栽培师：刘永旺
首批栽培年份：2013年
葡萄园总面积：600亩
栽培葡萄品种：赤霞珠、马瑟兰、美乐

酿酒概况

首款酒酿造年份：2016年
葡萄酒年产量：10万瓶
产品类型：干红
品牌系列：帝琦

推荐酒款

酒款名称：帝琦2017赤霞珠干红葡萄酒
推荐年份：2017年
葡萄品种：赤霞珠
产品类型：干红
品　鉴　词：呈宝石红色，闻香优雅，并伴随着清爽甜美的香气，包含着李子，樱桃等红色水果的香气淡雅。入口圆润甜美，单宁细腻平滑，酸度爽口，后味长久。
荣誉奖项：2019年亚洲质量大赛金奖

兴宇酒庄：
守着原生态的匠人酒庄

兴宇酒庄开垦建园时期，从葡萄苗到地块土壤，每一步都一丝不苟地精挑细选。为了守护原生态环境，葡萄园种植只施原生农家肥，将荒凉的土地变成了绿树成荫的生命乐园。

热爱自然的人，自然也不会亏待于他。罗山冲积扇的砾石和黄河水带来的沙土形成了葡萄树成长的绝佳风土，这片神奇的荒漠富含葡萄所需的矿物质。酒庄捧着独有的土壤，栽培着优良的酿酒葡萄，用崇尚自然的理念，将黄河的坚毅与罗山的灵气纳入酒中。

罗兰马歌酒庄
Roland Margo

五级庄

马兴文

宁夏吴忠市红寺堡区肖家窑葡萄文化产业园区

葡萄园概况

栽培师：乔彦斌
首批栽培年份：2014年
葡萄园总面积：1000亩
栽培葡萄品种：赤霞珠、美乐、马瑟兰、黑比诺

酿酒概况

酿酒师：江涛
首款酒酿造年份：2016年
葡萄酒年产量：26万瓶
产品类型：干红
品牌系列：罗兰马歌

推荐酒款

酒款名称：罗兰马歌年份珍藏赤霞珠干红葡萄酒
推荐年份：2020年
葡萄品种：赤霞珠
产品类型：干红
品 鉴 词：呈宝石红色，充满了覆盆子、黑樱桃的芬芳，同时有着香草、咖啡、烟熏香气，单宁含量丰富而细腻，酒质醇郁，酒体饱满，余味优雅绵长。
荣誉奖项：2020布鲁塞尔国际葡萄酒大赛（Concours Mondial de Bruxelles）金奖
2022品醇客世界葡萄酒大赛（Decanter World Wine Awards）金奖

罗兰马歌酒庄：
乘沐一束温馨和煦的光

晨起万物苏，当葡萄酒产业一束温馨和煦的光芒洒向红寺堡产区，罗兰马歌酒庄犹如一颗朝气蓬勃的种子深发于罗山脚下。酒庄庄主早年在外打拼，后来回到家乡创办了罗兰马歌酒庄。

依托罗山自然保护区，酒庄的有机种植得以保障。通过控水控肥对葡萄结果进行严格控产，不断地对葡萄的栽培架型进行改良，是红寺堡产区少有的实施"水肥一体化"的酒庄。

优秀的品质总能让人心生向往，酒庄每年都吸引全国各地的客户，大家在这里烧烤、举办篝火晚会，载歌载舞，陶情适性。酒庄一直以来坚持做中高端产品，经典的"庄园系列"葡萄酒以其丰富优雅的果香深受大众青睐。

康龙酒庄
Kang Long Winery

成峰

宁夏吴忠市红寺堡区弘德工业园区管委会

酿酒概况

酿酒师：吴鸿福
首款酒酿造年份：2014年
葡萄酒年产量：53万瓶
产品类型：干红、干白
品牌系列：紫威康龙、康龙啸鹰

推荐酒款

酒款名称：康龙啸鹰骑士赤霞珠干红葡萄酒
推荐年份：2016年
葡萄品种：赤霞珠
产品类型：干红
品 鉴 词：色泽亮丽，果香浓郁，具有橡木香、烤面包等香气，单宁丝滑，回味持久。

康龙酒庄:
时尚与浪漫主义的结合体

康龙酒庄是一家以酿造中高端品牌酒庄酒为目标的企业，地处红寺堡镇弘德工业园区。与其他拥有优美建筑风格的酒庄不同的是，康龙酒庄并没有恢宏的建筑，庄主成峰希望能将更多的精力和成本用在酿造葡萄酒上。

庄主成峰年轻时凭着一腔热血和对葡萄酒的喜爱和向往来到中国葡萄酒第一镇——红寺堡镇，2013年建设了自己的酒庄。作为红寺堡镇成立较早的酒庄之一，康龙酒庄在种植和酿造方面，坚持各个环节精心操控，信守真实原则。

庄主深记最初是被葡萄酒的浪漫所吸引，所以致力于打造融合浪漫和时尚主义的更契合大众口感的酒款，酒庄的两个品牌"紫威康龙"和"康龙啸鹰"系列都具有独特的风格。

昱豪酒庄
Fort KAMAN

杨成
宁夏吴忠市红寺堡区团结街

葡萄园概况

首批栽培年份：2014年
葡萄园总面积：2000亩
栽培葡萄品种：赤霞珠、美乐、霞多丽、马瑟兰、品丽珠

酿酒概况

首款酒酿造年份：2016年
葡萄酒年产量：10万瓶
产品类型：干红、半甜桃红
品牌系列：卡曼堡

推荐酒款

酒款名称：卡曼堡精选赤霞珠干红葡萄酒
推荐年份：2019年
葡萄品种：赤霞珠
产品类型：干红
品　鉴　词：呈深宝石红偏紫红色，果香芬芳，口感饱满，酒体平衡，回味绵长。

昱豪酒庄：
地域风土，美好独立

在红寺堡一座座古色古香的酒庄中，欧式城堡建筑风格的昱豪酒庄显得尤为特别。酒庄外观端庄典雅，内部开阔明亮，萦绕温馨的气息。

酒庄在种植和酿造上也是独具匠心，秉承着"地域风土，美好独立"的理念，凭借红寺堡罗山地区得天独厚的气候土壤条件，种植优质葡萄苗木，利用法国传统工艺结合现代化先进酿酒设备，用心雕琢每瓶葡萄酒。

近些年，在强劲单宁和厚重酒体主导的葡萄酒市场中，昱豪酒庄有着与众不同的风格，酿造的酒拥有细腻柔和的单宁和优雅精致的酒体，入口顺滑，酒香芬芳。

酒庄预计在一到两年内建成百果园、樱花林，完善酒庄的餐饮和住宿条件，将酒庄发展成集旅游和观光为一体的酒庄。

鹏胜臻麓酒庄
Pengsheng Winery

吕吉元

宁夏吴忠市红寺堡区红寺堡镇直属北海子湖西侧

 葡萄园概况

栽培师：朱小兵
首批栽培年份：2009年
葡萄园总面积：1000亩
栽培葡萄品种：赤霞珠、美乐、黑比诺、马瑟兰、蛇龙珠、品丽珠、西拉

 酿酒概况

酿酒师：陈建普
首款酒酿造年份：2012年
葡萄酒年产量：40万瓶
产品类型：干红、干白、桃红、白兰地
品牌系列：鹏胜臻麓、境界系列

 推荐酒款

酒款名称：鹏胜臻麓·九天酒庄珍藏干红葡萄酒
推荐年份：2017年
葡萄品种：赤霞珠
产品类型：干红
品鉴词：呈深邃的紫红色，果香四溢且充满活力，展现出紫罗兰花、黑醋栗、黑樱桃香气，以及明显的香草、烘烤和烟熏风味。单宁含量高且柔顺，酒体饱满，结构复杂，平衡度极佳，诱人的果香与橡木的美妙香气迂回萦绕，余味悠长。
荣誉奖项：2021中国（宁夏）国际葡萄酒大赛银奖

鹏胜臻麓酒庄：
至臻化境，流露不凡

位于红寺堡区的鹏胜臻麓酒庄是由宁夏鹏胜集团投资建设的，以端庄的姿态屹立在北海子湖西侧。"鹏胜"有大鹏展翅、胜利在握之意，代表宁夏鹏胜集团的蓬勃发展，同时也象征着鹏胜臻麓酒庄拥有的坚实后盾。

庄主吕吉元在2017年创办酒庄，始终坚守初衷。酒庄的酿酒师陈建普是宁夏贺兰山东麓葡萄酒产区第一代酿酒师，从1984年就开始学习酿酒，如同产区内的一株老藤，在西夏王酒厂退休后，又被聘请到鹏胜臻麓酒庄作为酿酒师。

酒庄致力于酿造能够展现红寺堡风土特征的佳酿，拥有"鹏胜"（九天、飞天、子爵、臻麓、国风、境界、桃红）七个葡萄酒品牌。

红丰酒庄
Hongfeng Winery

罗玉鹏
宁夏吴忠市红寺堡区弘德工业园区经二路

葡萄园概况

首批栽培年份：2011年
葡萄园总面积：5000亩
栽培葡萄品种：赤霞珠、美乐、蛇龙珠

酿酒概况

酿酒师：吴鸿福
首款酒酿造年份：2020年
葡萄酒年产量：260万瓶
产品类型：干红
品牌系列：红漠

推荐酒款

酒款名称：红漠红色梦想H2干红葡萄酒
葡萄品种：70%美乐、30%赤霞珠
产品类型：干红
品 鉴 词：呈深红色且有光泽，具有浓郁的黑色甜果酱的味道，伴有枣花蜂蜜香、松茸香、黑胡椒香气。入口圆润微甜，单宁丰富醇厚，成熟浆果味，松香味芳香持久，后味绵长。

红丰酒庄：
酿造荒漠中的红色梦想

红丰酒庄位于红寺堡镇弘德工业园区，成立于2020年3月。酒庄葡萄酒生产车间占地4300平方米，年储存能力达到1200吨。

值得一提的是，酒庄的酿酒师吴鸿福是一个对酿酒工作十分有自己见解的人，他坚信宁夏贺兰山东麓这方风土能创造出世界一流品质的葡萄酒，崇尚遵循自然法则的种植和酿造方式。

红丰酒庄蕴含着酒庄对这方风土的眷恋与情结。"酿造荒漠中红色的梦想"更是酒庄始终秉持的初心，酒庄的代表性酒款"红漠"品牌是红寺堡产区的公用品牌，从种植酿造到葡萄酒原料层层严格把关，集红寺堡各酒庄之长，致力于将"红漠"品牌打造成为红寺堡产区葡萄酒的经典代表。"红漠"以对自然风土的尊重，酿造匠心品质，传承红寺堡人民砥砺前行的精神，不泯匠心与情怀。

新的起点，新的开始。

酿为荒漠中红色的梦想。

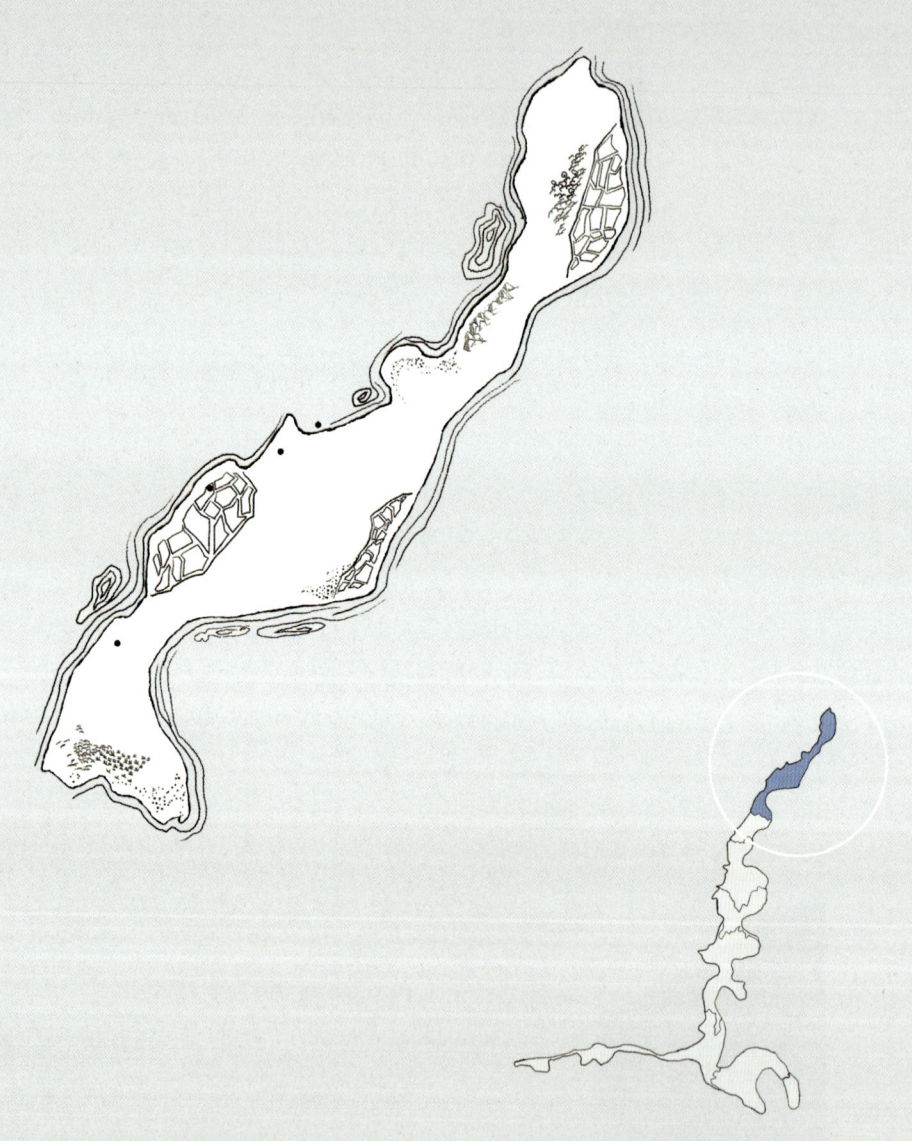

石嘴山和中卫
Shizuishan & Zhongwei

石嘴山位于宁夏贺兰山东麓葡萄酒产区保护范围的最北端，目前有三家酒庄，相距很远，但葡萄园都靠近贺兰山脚下。石嘴山是我国重要的煤炭产区，有些葡萄园的土壤中含有炭质泥岩，故呈现黑色。同宁夏其他葡萄种植区域相比，石嘴山的平均温度最高，导致年有效积温比其他区域高出200~300℃·天。石嘴山还是宁夏产区降雨量最少的区域，平均年降雨量仅167毫米。

中卫市位于宁夏回族自治区中西部，北接腾格里沙漠，具有典型的大陆性季风气候和沙漠气候的特点，是宁夏最干旱的地区之一，目前仅有两家酒庄。

贺东庄园
Chateau Hedong

二级庄

龚杰

宁夏石嘴山市大武口区金工路

葡萄园概况

栽培师：潘婧
首批栽培年份：1997年
葡萄园总面积：2600余亩
栽培葡萄品种：赤霞珠、霞多丽、品丽珠、西拉、黑比诺、蛇龙珠、美乐

酿酒概况

酿酒师：[法]吉姆（Guillaume Motters）
首款酒酿造年份：2001年
葡萄酒年产量：25万瓶
产品类型：干红、干白、桃红
品牌系列：贺东庄园（窖藏系列、烤花系列、根系列、油画系列、生肖系列、北纬38°系列）

推荐酒款

酒款名称："根系列"黑比诺干红葡萄酒
推荐年份：2015年
葡萄品种：黑比诺
产品类型：干红
品　鉴　词：清澈透亮的宝石红色酒体散发着红樱桃的香气，入口圆润而饱满，单宁细腻，回味悠长。

贺东庄园：
伸发百年欣欣向荣之藤

贺东庄园以打造一处温馨闲适的精品葡萄酒文化小镇为目标，目前已被评为国家AAAA级旅游景点。在这里，上百年老树蜿蜒出时光的沧桑，浮刻于酒窖两侧墙壁的文化墙十分考究也足够精细……每个陈设都体现了精雕细琢的诚意。

庄主龚杰对待葡萄酒事业甚为认真，2010年他开始接手酒庄并进行大刀阔斧的改革建设：将部分品种挖除换成更适合本土条件的品种，对葡萄园实行更细致的管理；不仅留下原来农场遗留的一部分老葡萄树进行研究，还留下了原厂区具有丰富酿酒经验的技术工人。

据考证，贺东庄园的百年老藤最粗的地径已达到29厘米，周长为90厘米，仿佛生命珍贵的积淀，凝聚着成熟的经验与阅历。老藤扎根较深，充分吸取了贺兰山东麓这片土地的营养物质，所酿之酒有着与众不同的风味。除此之外，这欣欣向荣的老藤更是传达了庄主龚杰对做最具收藏价值的葡萄酒的初心和毅力。

玖禧酩庄
Jiuxi Winemakers

谭志勇
宁夏石嘴山市惠农区燕子墩乡燕窝地村

 葡萄园概况

栽培师：梁玉文
首批栽培年份：1996年
葡萄园总面积：350亩
栽培葡萄品种：马瑟兰、赤霞珠、北玫、北红

 酿酒概况

酿酒师：梁玉文
首款酒酿造年份：2018年
葡萄酒年产量：66000瓶
产品类型：干红
品牌系列：遇悦、耘梦、玖禧年

推荐酒款

酒款名称：遇悦马瑟兰干红葡萄酒
推荐年份：2019年
葡萄品种：马瑟兰
产品类型：干红
酿造工艺：橡木桶陈酿10个月
品鉴词：呈宝石红色带紫色色调，颜色绚丽，带有香料、香草、果香和橡木烘烤香气。单宁强劲细腻，酒体厚重，结构平衡，余味悠长。
荣誉奖项：2019品醇客世界葡萄酒大赛（Decanter World Wine Awards）金奖

玖禧酩庄：
有温度、有态度的酒庄

玖禧酩庄位于宁夏贺兰山东麓产区最北边，是一座小巧精致又充满生活气息的酒庄。2017年，重庆畅予葡萄酒文化研究院院长谭志勇品到了宁夏贺兰山东麓产区多家酒庄的精品酒，带着一份惊艳和好奇之心，她动身来到宁夏，参访产区多家酒庄，也是在这期间，她结识了产区种植酿造专家梁玉文，两人一拍即合，玖禧酩庄应运而生。

酒庄品牌虽然创立时间只有三年，却拥有350余亩20多年树龄的葡萄园。秉承着尊重自然、敬畏自然的理念，每年限产十万支葡萄酒，坚持"做有中国特色的葡萄酒，做有态度、有温度的酒庄"。

玖禧酩庄三个酒款"遇悦马瑟兰""耘梦赤霞珠""玖禧年赤霞珠"，都已获得了国内外权威葡萄酒赛事的金奖，每款产品都以其品质和亲民的价格俘获消费者芳心，这都源于酒庄的初心——做性价比高的精品葡萄酒。

西御王泉酒庄
Chateau Western Spring

五级庄

魏立兵

宁夏石嘴山市惠农区燕子墩乡罗家园

葡萄园概况

首批栽培年份：2010年
葡萄园总面积：3000亩
栽培葡萄品种：赤霞珠、蛇龙珠、美乐、马瑟兰和西拉

酿酒概况

酿酒师：张冰
首款酒酿造年份：2015年
葡萄酒年产量：13万瓶
产品类型：干红
品牌系列：西御王泉、王泉琥珀

推荐酒款

酒款名称：西御王泉蛇龙珠干红葡萄酒
推荐年份：2018年
葡萄品种：蛇龙珠
产品类型：干红
品 鉴 词：呈宝石红色，果香浓郁，酒体醇厚，圆润平衡。
荣誉奖项：2021中国（宁夏）国际葡萄酒大赛金奖

西御王泉酒庄：
贺兰山下一捧富硒甘泉

"西御王泉"这个名字源于酒庄所在的地理位置——王泉沟，这是贺兰山北段正义关沟到大武口沟之间最大的山谷，也是明代贺兰山长城重要隘口，西御王泉酒庄正是建在其附近，故得此名。从酒庄的葡萄园向南望去，还可以清晰地看到一处古代长城的遗迹，关于这里的历史颇具神秘色彩。

西御王泉酒庄距离贺兰山很近，葡萄园的土壤富含硒元素。酒庄目前有3000亩优质葡萄种植基地，可酿造富硒葡萄酒300余吨，获得了富硒葡萄种植产业化鉴定报告和葡萄酒生产应用成果鉴定报告，富硒葡萄酒已然成为酒庄的一个标志。2019年酒庄被授权使用区域公用品牌"珍硒石嘴山"，"珍硒石嘴山"也成了西御王泉酒庄一款具有代表性的产品。

宁夏红沙坡头酒庄
Domaine Shapotou

曹森
宁夏中卫市沙坡头大道南沙坡头
旅游景区向东2000米

葡萄园概况

栽培师：王家枢
首批栽培年份：1998年
葡萄园总面积：600亩
栽培葡萄品种：蛇龙珠、赤霞珠

酿酒概况

酿酒师：董建方
首款酒酿造年份：2002年
葡萄酒年产量：26万瓶
产品类型：干红
品牌系列：宁夏红、沙坡头

推荐酒款

酒款名称：宁夏红沙坡头蛇龙珠干红葡萄酒
推荐年份：2019年
葡萄品种：蛇龙珠
产品类型：干红
酿酒工艺：橡木桶陈酿
品　鉴　词：酒体呈深宝石红色，具有白胡椒、黑胡椒、梅脯干与香子兰的香气。酒体圆润，活跃的酸度增加了酒体的活力，余味中长。
荣誉奖项：2021德国柏林葡萄酒大赛（Berliner Wein Trophy）金奖

宁夏红沙坡头酒庄：
腾格里沙漠深处的紫色奇迹

位于中卫腾格里沙漠南端、国家级沙坡头自然保护区内的宁夏红沙坡头酒庄，曾经是全国荒漠化最严重的地区之一，如今这里孕育着一片犹如绿海般看不到边际的葡萄园。

1998年，中卫政府为了阻挡步步逼近的沙漠，向全县发出了防沙治沙的号召，沙坡头酒庄由此诞生。酒庄将葡萄种植在沙漠边缘，并花费巨资修建了防护林、沟渠和草障，开启了以葡萄园治沙的创举。沙坡头酒庄葡萄园的土壤为夹杂着砂粒的黄土，在透水性和保肥能力之间获得平衡，葡萄园采用有机种植。沙坡头酒庄的蛇龙珠品种相当有名，酿造的酒款获得许多奖项，并得到世界葡萄酒大师杰西斯·罗宾逊的高度称赞。

作为宁夏贺兰山东麓最早建立的酒庄之一，沙坡头酒庄从荒漠起步，始终奋战在治沙第一线，用信念和坚持在腾格里沙漠边缘培育出了数百亩葡萄园，酿造出优质葡萄酒，谱写了沙漠中的传奇。

漠贝酒庄
Chateau Mobei

五级庄

张泽旭

宁夏中卫市沙坡头区迎水桥镇牛滩村

葡萄园概况

栽培师：张学梅
首批栽培年份：2005年
葡萄园总面积：1127亩
栽培葡萄品种：美乐、赤霞珠、蛇龙珠、马瑟兰、西拉

酿酒概况

酿酒师：宁小刚
首款酒酿造年份：2012年
葡萄酒年产量：40万瓶
产品类型：干红
品牌系列：金沙系列

推荐酒款

酒款名称：漠贝酒庄·窖藏赤霞珠干红葡萄酒
推荐年份：2020年
葡萄品种：赤霞珠
产品类型：干红
酿酒工艺：橡木桶陈酿
品 鉴 词：浓郁的黑色浆果伴随着香草、巧克力及橡木的香气，口感圆润，酒体饱满、平衡，回味悠长。

漠贝酒庄：
戈壁荒漠中淘出珍宝

漠贝酒庄，这座位于腾格里沙漠东南边缘的新晋五级酒庄在沙地种植酿酒葡萄，在荒漠"淘"出葡萄酒，正如它的名字一样，成为"沙漠里的宝贝"。

漠贝酒庄的种植基地在2002年就开始筹备建设，这里的气候干燥少雨、日照充足、昼夜温差大，是得天独厚的绿色食品种植基地。在多年的精心培育下，1100余亩有机葡萄园在这片广袤的中卫沙漠中扎根生长，富有生命力的葡萄藤逐渐取代飞沙扬砾，形成一片绿洲。在大自然和人工的共同打造下，这里的葡园和沙漠和谐共生，融合成一幅风景独特的迷人画卷。

漠贝酒庄在2018年开始投建，并于2020年10月正式运营，除了基础的葡萄种植、葡萄酒酿造外，还完善了葡萄采摘体验、观光旅居、葡萄酒文化鉴赏传播等一系列功能，使酒庄成为体验大漠风情、感受丝路文化的观光胜地，将小葡萄发挥出巨大能量。

人文之情

"葡萄酒让每一次进餐变得更有意义，每一张桌子更优雅细致，每一个日子更文明有礼。"
——［英］安德雷·西蒙

Wine makes every meal an occasion , every table more elegant , every day more civilized."
——Andre Simon

Community Culture

宁夏美食
Ningxia Cuisines

一方水土养一方人，本地菜配本地酒，舌尖上的宁夏自然少不了当地美食。其中最值得称道的菜肴取材自盐池滩羊，因其特殊的生长环境让盐池滩羊肌肉纤维清晰致密，肉质细嫩，不论是涮蒸炖煮，还是爆炒烩烤，总是那么鲜酥多汁。搭配贺兰山东麓的葡萄酒，酒香与肉香缠绕，细腻的单宁化解肉质的肥嫩，香料与烘烤的香气融合烹调而出的烟火气息，实为一口吃不够的绝佳美味！除了牛羊鱼肉的"热闹"，也有当地特色时蔬的清新，即便是一道清香爽脆的小凉菜，也是新鲜入味。这里绿色健康的食材和最纯朴自然的烹调方法，让每一道菜都突出其食材本身的原汁原味。

● 烤全羊

【主要食材】盐池滩羊肉、孜然、茴香、胡椒等

【菜品特色】烤全羊作为极富仪式感的菜肴，在上菜前会邀请最尊贵的客人举行剪彩仪式。全羊外表金黄油亮，果木炭的烘烤激发出羊肉的油脂香气，羊肉清香扑鼻。外部皮脂焦黄，咸香爽脆，内部肉质绵软鲜嫩

【葡萄酒搭配】酒体中等浓郁、带有香料气息及烘烤香气的干红葡萄酒

【餐厅推荐】昊御轩原生态烤全羊，步云天烤全羊

● 手抓羊肉

【主要食材】优质滩羊肉肋条、花椒、大料、桂皮、茴香等

【菜品特色】冷热两种手抓羊肉都能最大程度地展现羊肉的鲜美。冷吃突出羊肉的香，热吃更讲究肉质的口感，肋条部位的肉质咸鲜软嫩，肥而不腻。手抓羊肉是羊肉类菜肴最优质的体现，也是宁夏菜品中最经典的菜肴之一

【葡萄酒搭配】酒体轻盈的果香型干红葡萄酒；桃红葡萄酒

【餐厅推荐】国强手抓，伊盛手抓，上陵手抓，老毛手抓，六盘红

● 蒸全羊（五宝蒸全羊）

【主要食材】盐池滩羊肉，葱，姜，蒜，大料等

【菜品特色】蒸全羊在上菜之前，也会进行隆重的仪式，由最尊贵的客人开菜，摘下全羊身上的红花，再用刀在羊身上象征性地划个"十"字，一场饕餮大餐就开始了。肉质软嫩鲜香，肥而不腻，鲜而不膻。蒸作为烹调方法中最健康的方式，能够最大化地保留羊肉的鲜香及营养，肉质滋味最醇厚

【葡萄酒搭配】酒体轻盈、果香浓郁的干红葡萄酒；橡木桶陈酿的干白葡萄酒

【餐厅推荐】德隆楼·德鼎逸品，南华山私房菜

- 辣爆羊羔肉

　【主要食材】优质羊羔肉，西吉土豆粉条，干辣椒

　【菜品特色】咸辣鲜香，羊羔肉细嫩鲜美

　【葡萄酒搭配】具有香料气息的干红葡萄酒；香气浓郁的甜白葡萄酒

　【餐厅推荐】国强手抓

- 碗蒸羊羔肉

　【主要食材】优质羊羔肉

　【菜品特色】羊羔肉细嫩鲜美，蒸的烹饪手法可以最大程度地保留鲜嫩食材的口感，细嫩多汁的羊肉蘸上浓郁的汤汁，入口即化，无疑是对味蕾最好的馈赠

　【葡萄酒搭配】果香丰盈的干红葡萄酒；酒体浓郁的干白葡萄酒

　【餐厅推荐】三益轩

- 清炖羊肉（大块羊肉）

　【主要食材】盐池滩羊肉、白萝卜

　【菜品特色】羊肉鲜香，羊肉汤清澈醇香，少盐低脂少调料，最能体现出羊肉的品质

　【葡萄酒搭配】酒体中轻、单宁细腻的果香型干红葡萄酒；桃红葡萄酒；橡木桶干白葡萄酒

　【餐厅推荐】上陵手抓，六盘红

- 泾源黄牛肉

　【主要食材】泾源黄牛肉

　【菜品特色】泾源黄牛肉出自泾源县，是国家农产品地理标志保护产品，肉质鲜嫩、高蛋白、低脂肪，营养丰富。用泾源黄牛肉煮制的酱香牛排口味香醇浓厚、油而不腻，是秋冬进补的佳选

　【葡萄酒搭配】酒体饱满、单宁结实、具有香料和烘烤气息的干红葡萄酒

　【餐厅推荐】胡同里·京味涮羊肉馆，鼎丰·庭院人家

- 酥骨鱼

【主要食材】黄河鲤鱼

【菜品特色】骨酥肉烂，软糯鲜香。经过充分油炸过后的鱼骨才会达到酥脆的效果，既要保证整条鱼完整，又要保证鱼骨炸得酥脆，着实是费时费力的事情。充分油炸后，用传统调味方法炖煮整条鱼直至收汁，充分入味的鱼肉鱼骨挂着浓香的汤汁，才可以称得上是黄河酥骨鱼

【葡萄酒搭配】酒体丰盈的贵人香干白葡萄酒；甜型起泡葡萄酒

【餐厅推荐】粤顺海鲜，吴裕泰

- 红烧黄河鲤鱼

【主要食材】黄河鲤鱼，葱，姜，蒜，干辣椒等

【菜品特色】宁夏引黄灌溉区素有"鱼米之乡"的美称，黄河鲤鱼驰名中外。这种鱼体态丰满，肉质肥厚，细嫩鲜美，营养丰富。还寓"鲤鱼跳龙门""连年有余"等中国民间喜庆色彩之意。红烧黄河鲤鱼既充分入味，又保持外形完整，口味咸香，软糯鲜甜，和黄河酥骨鱼一起，作为宁夏经典的黄河鲤鱼吃法

【葡萄酒搭配】酒体丰盈的贵人香干白葡萄酒；甜白葡萄酒

【餐厅推荐】粤顺海鲜，上陵手抓

- 清炖土鸡

    【主要食材】土鸡，枸杞，平菇，面筋，粉条等

    【菜品特色】浓香四溢，原汁原味，具有丰富的营养价值。土鸡肉质细腻，香味馥郁、鸡汤更是鲜浓可口。吃时再配上腌制的小韭菜，味道美不胜收

    【葡萄酒搭配】橡木桶干白葡萄酒

    【餐厅推荐】长久一品清炖土鸡，一品中宁清炖土鸡

- 辣炒鸽子/炒鸽子拌面

    【主要食材】鸽子，辣椒，葱，宽面条等

    【菜品特色】相比于一般较为养生的做法，辣炒鸽子更能体现西北菜系口味重的特点，鸽子肉作为宁夏特色的肉类美食之一，肉质紧凑口感好。好肉吃罢，再来一份宽面条拌在辣炒鸽子里，宽面条裹挟着鲜美的汤汁，岂不美哉

    【葡萄酒搭配】酒体中轻、单宁细腻的果香型干红葡萄酒；橡木桶干白葡萄酒

    【餐厅推荐】粤顺海鲜，杨四特色鸽子

- 炝拌枸杞苗

【主要食材】枸杞叶

【菜品特色】俗话说"枸杞浑身都是宝",枸杞春采叶,名天精草;夏采花,名长生草;秋采子,名枸杞子;冬采根,名地骨皮。凉拌的枸杞苗,鲜嫩、凉爽、入味且清淡。枸杞苗属于时令菜,只有在春季吃到的才鲜嫩爽口

【葡萄酒搭配】酒体轻盈的果香清爽型干白葡萄酒;起泡葡萄酒

【餐厅推荐】泰丰荷花餐厅

- 凉拌沙葱

【主要食材】沙葱、蒜

【菜品特色】沙葱是大西北的特产,生长于海拔较高的戈壁和沙漠边缘地带,为纯天然无污染的绿色食品,并有一定药用价值。沙葱带有特殊浓香,加上调料的鲜味和沙葱本身的微辣,是一道口感复杂、营养丰富的美食

【葡萄酒搭配】酒体轻盈的果香清爽型干白葡萄酒;起泡葡萄酒

【餐厅推荐】国强手抓

- 烫面油香

【主要食材】面、辣椒

【菜品特色】油炸过后香软不腻,香酥内嫩,夹上调制好的辣椒圈,无比爽口

【葡萄酒搭配】口感圆润的半干型白葡萄酒

【餐厅推荐】步云天烤全羊,国强手抓

- 烩小吃

 【主要食材】夹板、丸子、菠菜、粉条等
 【菜品特色】传统烩小吃指的是"夹板"和"丸子"两个一同烩制，其制作烦琐，但深受本地人民的热爱，逢年过节时，餐桌上一定会有这道传统美食。烩小吃质地软嫩，滋味鲜香，其中所包含的乡土情结，可能早已超过了食物滋味本身
 【葡萄酒搭配】酒体丰盈的干白葡萄酒；桃红葡萄酒；起泡葡萄酒
 【餐厅推荐】三益轩

- 羊肉臊子面

 【主要食材】面、羊肉、豆腐、土豆、西红柿、葱花、香菜等
 【菜品特色】羊肉臊子不腻不膻，香味浓郁，汤味酸辣，面条细长，筋韧爽口，营养丰富
 【餐厅推荐】华彪面馆

● 八宝盖碗茶

【主要食材】茶叶、冰糖、红枣、枸杞、核桃仁、桂圆、芝麻、葡萄干等

【菜品特色】八宝盖碗茶是宁夏回族群众男女老幼普遍饮用的一种茶。因本地饮食特色,"缘回民以牛羊常食,非佐以茶茗不易消化"。盖碗,又称三炮台,民间叫盅子,上有盖,下有托盘,盛水的花碗口大底小,精致美观

【餐厅推荐】伊盛手抓,百草滩羊泉水涮羊肉,国强手抓(锦泰店),三益轩,步云天烤全羊,粤顺海鲜,泰丰荷花餐厅,吴裕泰,鼎丰·庭院人家

美酒之旅
Wine Tours

只有来到宁夏才能真正体会这里的美,这里有苍凉浩瀚的沙漠,也有清脆悠远的驼铃,有逶迤缠绵的绿水,也有雄伟壮阔的贺兰山脉,有艳丽似火的晚霞,还有比晚霞更美艳的西部风情,当然每一个难忘时刻总有葡萄美酒相伴。

人文之情　Community Culture　269

● 宁夏贺兰山东麓产区酒庄旅游线路行程规划

第一天

⊙ 贺兰山东麓国际葡萄酒博物馆/从这里了解宁夏贺兰山东麓产区

宁夏贺兰山东麓葡萄酒博物馆建于2016年，集葡萄酒科普教育、葡萄酒的发展历史展示、收藏展示、文化交流、休闲体验、销售为一体，展示贺兰山东麓葡萄酒产区的发展过程、四季变换和酿造工艺。这里承担着传承葡萄酒红色基因、弘扬我国悠久的葡萄酒文化、搭建宁夏对外交流与合作的平台、提升产区品牌影响力和产品竞争力的责任。

• 贺兰晴雪酒庄
　　——葡萄酒世界从这里发现中国宁夏产区

第二天

◉ 镇北堡西部影视城/中国电影从这里走向世界

景点级别：国家AAAAA级旅游景区
开放时间：旺季4月15日—10月15日 8：00—18：00
　　　　　淡季10月16日—次年4月14日 9：00—17：00
著名景点：明城、清城、老银川一条街

镇北堡影视城的前身原本是明清时期修筑的一座残破的戍塞边城，后来人们保持并利用了古堡原有的奇特、雄浑、苍凉、悲壮、残旧、衰而不败的景象，突出了它的荒凉感、黄土味及原始化、民间化的审美内涵，让电影艺术家们在这一片西部风光中尽兴地发挥他们的想象力和创造力。这里承担着保护逐渐消失的民间民俗文化的责任，重现中国古代北方小城镇之风貌。

- 志辉源石酒庄
  ——源起山石，酒出自然，中国园林式葡萄酒庄
- 美贺庄园
  ——打卡艺术酒庄，为美好生活喝彩

第三天

- **嘉地酒园**
  ——一块坐落在贺兰山东麓的"美玉"
- **夏木酒庄**
  ——道法自然，魅力夏木
- **留世酒庄**
  ——2021米其林指南葡萄酒类别独家供应商

◉ 西夏陵/神秘西夏，东方金字塔

景点级别：国家AAAA级旅游景区
开放时间：旺季 4月1日—10月31日 8：00—17：30
　　　　　淡季 11月1日—次年3月31日 9：00—17：00
著名景点：西夏陵园、西夏博物馆

西夏陵位于银川市西部、贺兰山脚下，是西夏历代帝王陵和皇家陵寝。西夏陵采用夯土实心砖木混合密檐结构，不仅吸收了秦汉以来，特别是唐宋皇陵之所长，而且受到佛教建筑的影响，使汉族文化、佛教文化与党项民族文化结合在一起，构成了我国陵园建筑中别具一格的形式。

第四天

- 玖禧酩庄
  ——做有中国特色的葡萄酒，做有态度、有温度的酒庄
- 贺东庄园
  ——百年老藤，蜿蜒出时光的印迹，国家AAAA级旅游景点

◎ 沙坡头/西北风光之雄奇

沙坡头有中国最大的天然滑沙场，有横跨黄河的"天下黄河第一索"，有黄河文化代表古老水车，有黄河上最古老的运输工具羊皮筏子，有沙漠中难得一见的海市蜃楼。入住沙漠星星酒店，拉开窗帘即可看到苍茫沙漠景观，可以乘坐越野车沙海冲浪，尽情放纵。夜晚沙漠中燃起篝火，躺在柔软的沙海仰望星空……可以领略大漠孤烟、长河落日的奇观。

南线

第一天

- 宁夏农垦国宾酒庄
  ——寻根之旅，宁夏葡萄酒从这里走向世界
- 宁夏农垦玉泉国际葡萄酒庄
  ——诗情画意，首个中国诗词主题葡萄酒庄

第二天

- 立兰酒庄
  ——立足于贺兰山下，细节雕琢美酒之魂
- 长和翡翠酒庄
  ——"翡翠"之贵，在于天地之"长河"
- 华昊酒庄
  ——注重品质，一家富有文化内涵的精品小酒庄
- 西鸽酒庄
  ——飞向世界的风土表达者，向世界传递中国美

第三天

◎吴忠早茶/雅俗共赏，"味"你而来

  吴忠早茶传承悠久的养生文化、汇集独特的美食文化、依托浓厚的商业文化、融合现代休闲文化，集早茶消费、休闲旅游、商务交流和社交娱乐于一体，成为拉动经济发展的重点产业之一，也是深入民众生活的社会文化现象。

- 汇达酒庄
  ——在一家中式酒庄里体会浓烈的西北风情
- 东方裕兴酒庄
  ——清晨朝阳升起于酒庄背后，傍晚晚霞抚过屋顶弯檐

致敬
Salute

（排名不分先后）

一个产区的形成和发展，有天时地利的因素，然而最终的推动者必然是人。宏图远志的决策家、细致卓越的管理者、精益求精的科学家、技艺高超的种植师、酿酒师……这些参与和见证了宁夏葡萄酒产业发展的人都为产区做出了巨大贡献，有些人甚至用毕生的年华推动着产区一步步地前进。他们是旗手，是勇士，是贺兰山下最坚实的臂膀。"读醉酒庄指南"向宁夏贺兰山东麓产区的开拓者致敬！

郝林海
宁夏贺兰山东麓葡萄与葡萄酒联合会主席
国际葡萄与葡萄酒组织（OIV）杰出贡献奖（MERIT AWARD）获得者

李华
原西北农林科技大学副校长、西北农林科技大学葡萄酒学院终身名誉院长

李学明
原宁夏回族自治区葡萄产业发展局局长、宁夏贺兰山东麓葡萄与葡萄酒联合会副会长

刘效义
原宁夏农林科学院园艺研究所研究员

魏继武
原宁夏农垦玉泉葡萄酒厂第二任厂长、宁夏贺泉葡萄酒有限公司董事长

蔡晓勤
原宁夏农垦玉泉葡萄酒厂第三任厂长、原宁夏夏王葡萄酒集团公司董事长、宁夏贺兰亭酒庄有限公司董事长

容健
贺兰晴雪酒庄创始人之一，贺兰晴雪酒庄董事长

王奉玉
贺兰晴雪酒庄创始人之一

高林
银色高地酒庄创始人

李德美
北京农学院酿酒工程系系主任，被国际权威酒业媒体The Drinks Business评选为世界十大最有影响力的葡萄酒顾问

马会勤
中国农业大学教授，主要研究领域是葡萄栽培与分子生物学、葡萄酒市场学

赵世华
宁夏贺兰山东麓葡萄酒产业园区管理委员会研究员、葡萄酒产业专家

部分照片由酒庄提供，邓小宁先生拍摄。

致敬　Salute

李玉鼎
原宁夏农学院院长、国家葡萄产业技术体系顾问

张军翔
宁夏大学教授，宁夏大学食品与葡萄酒学院副院长，宁夏葡萄酿酒产业首席专家

王国珍
宁夏农林科学院植物保护研究所研究员、原国家葡萄产业技术体系贺兰山东麓综合试验站站长

宋长冰
北方民族大学生命科学与工程学院副研究员，主要研究方向为葡萄种质资源研究

陈卫平
宁夏农林科学院园艺研究所研究员、副所长，葡萄种植专家

孙权
宁夏大学农学院教授、"农业资源与环境"专业学科与学术带头人、宁夏大学植物营养学重点学科学术带头人

张怡
宁夏农林科学院植物保护研究所研究员，主要从事葡萄病虫害防治技术研究

张晓煜
宁夏气象科研所研究员，葡萄气象研究团队带头人

王振平
宁夏大学农学院研究员，国家葡萄产业技术体系岗位科学家

顾沛雯
宁夏大学教授、中国植物病理学会第十届理事、宁夏植保学会理事，主要从事植物病理学研究

俞惠明
宁夏贺兰山东麓葡萄酒产区第一代酿酒师，宁夏农垦酒业首席酿酒师，中国酿酒大师

王锐
宁夏大学教授，主要从事酿酒葡萄土肥水管理研究

附录
Appendixes

宁夏贺兰山东麓葡萄酒产区的葡萄酒管理部门与协会

● 宁夏贺兰山东麓葡萄酒产业园区管理委员会

宁夏贺兰山东麓葡萄酒产业园区管理委员会是自治区政府直属事业单位，负责贺兰山东麓葡萄酒产业文化长廊建设和发展的组织实施和管理、服务工作，实行统一领导、统一规划、统筹建设、协调管理。

地址：宁夏银川市金凤区阅海商务区新丝路42号

网址：www.nxputao.org.cn

● 宁夏贺兰山东麓葡萄与葡萄酒联合会

宁夏贺兰山东麓葡萄与葡萄酒联合会是由宁夏回族自治区葡萄酒行业相关单位和人士等自愿组成的非营利性社会团体组织。其宗旨是宣传、贯彻国家及自治区党委、政府关于葡萄行业的方针、政策，为政府和行业提供双向服务，以服务会员企业为核心，充分发挥联合会的桥梁和纽带的作用，开展国内外葡萄酒企业和行业组织之间的交流与合作，建立健全宁夏与国际葡萄与葡萄酒行业合作的长效机制，推动宁夏葡萄与葡萄酒产业科学发展。

地址：宁夏银川市金凤区新丝路42号

网址：www.cn-nwf.com

● 银川市葡萄酒产业发展服务中心

银川市葡萄酒产业发展服务中心为银川市人民政府直属正处级事业单位，职责包括：负责贯彻落实市委、市政府关于葡萄酒产业发展的规划、政策、措施及实施方案，组织协调、指导全市优质酿酒葡萄和葡萄酒生产和技术服务工作；开展葡萄酒产业人才培养、技术培训等相关工作；组织开展葡萄酒文化交流合作；组织葡萄酒产业招商引资工作；负责葡萄酒产业产品质量标准、技术规程的信息收集、技术分析、专家论证等工作和承办市委、市政府交办的其他事项。

地址：西夏区新小公路银川水银西生态防护林管理处

网址：www.ycwine.org.cn

● 银川市贺兰山东麓葡萄酒产业联盟

银川市贺兰山东麓葡萄酒产业联盟是在"2018'一带一路'（宁夏·银川）国际葡萄酒大赛"举办期间，经银川市委、政府批准，于2018年11月正式成立的葡萄酒联盟，属于联合性地方性非营利性社会组织。联盟以"基地做大、龙头做强、品牌做优、产品做精、市场做活、联盟做实，充分发挥联盟酒庄的优势，保护贺兰山东麓葡萄酒产区品牌，保障产区酿酒葡萄、葡萄酒的品质和信誉，携手打造国内乃至世界一流的葡萄酒产业高地"为宗旨。

地址：宁夏银川市西夏区新小线葡萄产业发展局院内

● 吴忠市葡萄酒产业联盟

2020年4月10日，吴忠市葡萄酒产业联盟成立。联盟联合吴忠市研究种植、酿造、销售葡萄酒等各方面力量，促进企业转换经营机制，建立现代企业制度，推进行业健康发展，提高经济效益。组织酒庄技术、科学管理等方面经验交流，组织开展社会公益事业活动，承接政府部门及其他社会团体服务事项。开展葡萄酒消费培育，传播葡萄酒文化。对于宣传吴忠葡萄酒产区具有重大意义，促进吴忠产区葡萄酒的销售。

地址：宁夏吴忠市利通区文卫南街200号

● 青铜峡市葡萄酒产业协会

2016年1月13日，青铜峡市葡萄酒产业协会成立。协会充分发挥"服务产业、宣传产业"的桥梁和纽带作用，有效整合利用国内外葡萄产业科技、人才等资源，搭建生产、质量、流通、销售等服务平台，做好葡萄酒产品推广、葡萄酒文化交流、葡萄酒品牌建设，向国内外客商、消费者大力推广青铜峡葡萄酒产区的葡萄酒产品。

地址：宁夏青铜峡市汉坝西街林业局四楼

● 红寺堡区葡萄与葡萄酒协会

红寺堡区葡萄与葡萄酒协会成立于2014年6月，自成立以来，努力发挥协会的"桥梁纽带"作用，突出以"服务"为主的办会宗旨，组织红寺堡区葡萄酒企业赴各地参加葡萄酒推介会。协会还与宁夏葡萄与葡萄酒研究院、宁夏大学食品与葡萄酒学院本着产学研相结合、互惠互利、共同发展的原则，签订了科技合作协议，推动红寺堡区葡萄产业转型升级、持续健康发展。

地址：宁夏吴忠市红寺堡区文化西街林业局三楼

● 贺兰山东麓国际葡萄酒博物馆

贺兰山东麓国际葡萄酒博物馆建于2015年，于2018年8月18日正式开馆。博物馆旨在弘扬中国悠久的葡萄酒文化，展示世界葡萄酒历史和贺兰山东麓产区葡萄酒风土，搭建宁夏对外交流与合作的平台，提升贺兰山东麓产区品牌影响力和产品竞争力。游客可以通过半天的游馆参观学习葡萄酒知识，并全面详尽地了解宁夏贺兰山东麓产区的特点和风貌。

开放时间：免费开放：每天10：00～17：00，周一至周日开馆，需提前一天实名制预约。

地址：宁夏银川市金凤区新丝路42号

宁夏地区的葡萄酒教育科研机构

● 宁夏大学食品与葡萄酒学院

宁夏大学食品与葡萄酒学院是由原宁夏大学葡萄酒学院与农学院食品学科合并后新成立的学院。有食品科学与工程、葡萄与葡萄酒工程2个本科专业，食品科学与工程（生物工程）、葡萄与葡萄酒工程（葡萄酒营销）、葡萄与葡萄酒工程（葡萄酒文化旅游）3个专业方向。学院立足国民经济发展，紧跟学科国际前沿，围绕葡萄与葡萄酒特色产品加工与食品生物发酵产业，培养高素质的科技创新与推广人才，具有鲜明专业特色和学科优势，成为西部一流、国内知名的高水平科技创新、高层次人才培养基地，为西北乃至全国食品与葡萄酒产业发展提供科技、人才和智力支撑。

地址：宁夏银川市西夏区贺兰山路西路489号宁夏大学贺兰山校区56号

联系电话：0951-2061763　　网址：wine.nxu.edu.cn

● 宁夏葡萄与葡萄酒研究院

宁夏葡萄与葡萄酒研究院于2012年5月在宁夏大学成立，是宁夏及周边地区葡萄产业发展重要的科学研究中心、技术创新开发中心、科技成果孵化中心、技术推广服务中心以及技术培训与高端人才培养基地。

地址：宁夏银川市西夏区贺兰山西路489号宁夏大学贺兰山校区科技综合楼4楼

联系电话：0951-2061763　　网址：putao.nxu.edu.cn

● 宁夏葡萄酒与防沙治沙职业技术学院

宁夏葡萄酒与防沙治沙职业技术学院其前身是宁夏林业学校，始建于1986年，是经自治区人民政府批准，教育部审核备案的公办全日制普通高等职业院校。现已成为自治区以培养服务生态文明建设和葡萄酒全产业链发展技术技能人才为主的高等职业院校。2011年起开设了葡萄与葡萄酒工程高职专业。

地址：宁夏银川市永宁县广夏路

网址：www.nxfszs.cn

宁夏贺兰山东麓产区葡萄酒产业相关活动

● 宁夏贺兰山东麓葡萄春耕展藤节系列活动

由于宁夏贺兰山东麓产区特殊的气候环境,葡萄需要埋土才能顺利越冬,每年春季还要将覆盖的土除去,挖出葡萄藤,并固定在葡萄架上。这一代代相传的种植方式不仅是重要的园艺措施,更是宁夏当地悠久农耕文化的一部分。

为了弘扬和传播这一独特的文化,2015年,由宁夏贺兰山东麓葡萄产业园区管理委员会、宁夏回族自治区葡萄产业发展局、宁夏贺兰山东麓葡萄与葡萄酒联合会共同主办了首届葡萄春耕展藤节。启动仪式于4月8日在张裕摩塞尔十五世酒庄举行。此后每年四月初,葡萄藤出土的时节,宁夏产区都会举行展藤节活动。

展藤节活动的内容逐年丰富,参与人数不断增加,从最初推广农业技术,指导农业生产的主题,逐渐演变为涉及整个葡萄产业发展的综合性活动,宁夏贺兰山东麓葡萄春耕展藤节的影响力正在迅速扩大,成为宁夏葡萄酒领域里重要的行业盛会。

附录 Appendixes

● 中国（宁夏）国际葡萄酒文化旅游博览会

2021年9月26日，首届中国（宁夏）国际葡萄酒文化旅游博览会在宁夏国际会堂开幕，本届博览会以"中国葡萄酒·当惊世界殊"为主题，采取线上线下相结合的办会模式，由农业农村部、文化和旅游部、全国对外友协、宁夏回族自治区人民政府共同主办，是全国第一个以葡萄酒为主题的国家级展会，既有国内外政要嘉宾的问诊把脉、行业大咖的交流研讨，也有优质葡萄酒品牌展览展示、知名企业的务实合作。

中国（宁夏）国际葡萄酒文化旅游博览会旨在加强同世界主要葡萄酒国家及国内葡萄产区的交流合作，进一步扩大"葡萄酒之都"在国内外的知名度和影响力，推动葡萄酒产业高端化、绿色化、智能化、融合化、品牌化发展。中国（宁夏）国际葡萄酒文化旅游博览会作为全国首个国家级葡萄酒文化旅游综合性展会，是一个国家级平台、国际性盛会，全方位展示中国葡萄酒文化魅力、产业实力和发展活力，让越来越多的人认识和了解贺兰山东麓葡萄酒，让越来越多的葡萄酒品牌在这个平台上展示推介，推动中国葡萄酒"当惊世界殊"。

《宁夏回族自治区贺兰山东麓葡萄酒产区保护条例》

第一章 总则

第一条 为了合理开发、利用和保护贺兰山东麓葡萄酒产区（以下简称产区）资源，保障产区酿酒葡萄、葡萄酒的质量和品牌信誉，根据有关法律、法规的规定，结合自治区实际，制定本条例。

第二条 在产区内从事葡萄产业项目建设、酿酒葡萄种植、葡萄酒生产和经营及其相关管理活动，适用本条例。

第三条 本条例所称产区，是指贺兰山东麓葡萄酒国家地理标志产品保护产地。

第四条 产区的开发、利用和保护，应当坚持生态保护、统一规划、特色发展、精品高端的原则。

第五条 自治区人民政府和产区所在地设区的市、县（市、区）人民政府应当加强对产区保护工作的领导，建立健全葡萄产业发展的协调和保护机制。

第六条 自治区人民政府葡萄产业主管部门具体负责产区保护工作的指导、协调和日常管理工作。其他相关部门应当按照各自职责，共同做好产区保护工作。

第七条 自治区鼓励采用先进的工艺技术，提高产区酿酒葡萄和葡萄酒的品质，加强国际交流合作。

第二章 规划与建设

第八条 自治区人民政府葡萄产业主管部门应当会同相关部门组织编制产区保护规划，报自治区人民政府批准后实施。自治区相关部门应当组织编制产区水、电、路、气等基础设施、防护林、酿酒葡萄育苗和种植基地建设、旅游等专项规划，报自治区人民政府批准后实施。

第九条 产区所在地设区的市、县（市、区）人民政府应当按照矿产资源规划，划定产区砂石、建筑石料的开采区、限采区和禁采区。

第十条 产区酿酒葡萄种植区及其周边五公里范围内，禁止新建化工、建材、制药、采矿、规模养殖以及产生重金属排放等对土壤、水质、大气造成污染和对葡萄产业发展造成影响的项目。产区内已建成的项目，对土壤、水质、大气造成污染和对葡萄产业发展造成影响的，应当依法限期整改。
产区内经批准建设的项目，施工时应当采取防护措施，控制扬尘、噪声、废气、废水、固体废物等污染和对自然环境造成的破坏。施工结束后，建设单位应当及时恢复施工场地的自然环境。

第十一条　自治区对申请在产区内建设的葡萄产业项目实行准入制度。

申请在产区内建设葡萄产业项目的，由项目所在地县级以上人民政府投资主管部门进行初审后，报自治区人民政府核准。其中新建、改建、扩建酒庄项目的，由项目所在地设区的市人民政府投资主管部门进行初审，由自治区葡萄产业主管部门组织审查论证，统一由自治区人民政府核准后，方可建设。

第十二条　产区内建设葡萄酒生产企业的，应当符合以下条件：
（一）选址符合国家标准；
（二）有一定规模的自建或者联建的酿酒葡萄种植基地，使用产区酿酒葡萄做原料；
（三）原料符合食品安全标准，并具备可追溯性；
（四）具有一定的酿酒生产规模，并保持正常生产；
（五）具备葡萄酒生产工艺所需要的、与生产能力相配套的生产设备和废水处理设施；
（六）具备符合生产、质量控制要求的检验设备和专职质量检验人员；
（七）法律、法规规定的其他条件。

第十三条　产区内建设葡萄酒庄的，应当符合以下条件：
（一）自种的酿酒葡萄完全满足本酒庄生产需要；
（二）酿造、陈酿、灌装和瓶贮过程，全部在本酒庄内进行；
（三）具备陈酿、瓶贮等葡萄酒贮藏设备。

产区内新建、改建、扩建的葡萄酒庄，建设用地面积不得超过酿酒葡萄种植基地总面积的百分之五。

第十四条　依法取得产区土地使用权的，应当按照土地利用总体规划确定的用途开发、利用土地，不得擅自改变土地用途。

连续二年不开发、利用土地的，应当依法无偿收回。

第十五条　自治区鼓励产区内的酿酒葡萄种植企业和种植大户通过租赁、承包、股份合作等土地流转方式，开发建设规模化、标准化的酿酒葡萄种植基地。

第十六条　自治区鼓励和支持企业事业单位和个人参与产区的基础设施建设、葡萄产业以及相关产业的研究开发和技术咨询服务。

第十七条　自治区将产区列为特色农业节水示范区，建立健全节水补偿激励机制，发展节水型生产方式。

自治区加强产区生态林网的建设，改善产区环境；鼓励、支持企业事业单位和个人从事生态绿化建设。

第十八条　产区所在地设区的市、县（市、区）人民政府应当鼓励和扶持产区葡萄产业的发展；支持产区水、电、气等基础设施和育苗基地、加工园区的建设；支持产区品牌宣传和新品种、新技术的引进。

第三章　产品与质量

第十九条　自治区人民政府葡萄产业主管部门应当会同相关部门对产区的酿酒葡萄和葡萄酒产品质量进行监督检查，定期抽检并向社会发布信息。

葡萄行业协会应当配合相关部门做好监督检查工作，建立健全产区酿酒葡萄和葡萄酒产品评价推荐制度。

第二十条　自治区人民政府葡萄产业主管部门应当制定和发布苗木标准和产区酿酒葡萄品种区划，对酿酒葡萄苗木繁育、基地建设、信息化服务进行指导和监督。

产区内的酿酒葡萄种植基地选址应当符合国家标准。种植基地的苗木，应当符合相关苗木标准和产区酿酒葡萄品种区划。

第二十一条　从事产区酿酒葡萄种苗生产经营的企业和个人，应当依法取得苗木生产许可证、苗木经营许可证和苗木产地检疫合格证。苗木出圃和调运，应当具有苗木出圃合格标签。

第二十二条　在产区内种植酿酒葡萄的企业和个人，应当取得由自治区质量监督管理部门颁发的贺兰山东麓酿酒地理标志保护产品葡萄基地登记证明，并建立酿酒葡萄品种、产量、质量等种植档案。

第二十三条　在产区内种植酿酒葡萄、生产葡萄酒的企业和个人，应当遵守相关技术操作规范，有效控制酿酒葡萄的产量和采收期，保证酿酒葡萄品质。

产区酿酒葡萄亩产量和葡萄原料可滴定糖含量，应当符合国家和自治区相关标准。

第二十四条　产区内种植酿酒葡萄，禁止下列行为：
（一）使用不符合规定的种苗；
（二）使用国家和自治区禁用的农药、肥料等投入品；
（三）在农药残留或者重金属超标的土壤上种植酿酒葡萄；
（四）使用不符合规定的灌溉用水；
（五）其他危害酿酒葡萄质量安全的行为。

第二十五条　产区内加工酿酒葡萄、生产葡萄酒，禁止下列行为：
（一）使用产区外的酿酒葡萄做原料；
（二）使用不符合产品质量安全标准的酿酒葡萄做原料；
（三）掺杂、掺假、以假充真、以次充好，以不合格产品冒充合格产品；
（四）伪造葡萄酒生产记录和产地，伪造或者冒用厂名、厂址；
（五）法律、法规规定的其他禁止行为。

第二十六条　产区内的葡萄酒生产企业应当实行产品质量安全可追溯制度，建立产品追溯与查询系统。

产区内的葡萄酒生产企业应当建立健全葡萄酒质量安全管理体系和葡萄酒生产记录制度，制作原料收购、加工、销售的纸质档案和电子档案。

第二十七条　在产区内种植酿酒葡萄、生产葡萄酒的企业和个人，应当设立或者委托质量安全检验机构对其种植、加工和经营的产品进行质量检验。

产区的酿酒葡萄和葡萄酒的检验、鉴定，实行检验、鉴定机构和检验、鉴定人责任制。

产区的酿酒葡萄、葡萄酒及其衍生产品的检验、鉴定证明，应当有质量检验、鉴定机构的公章和检验、鉴定人的签名。

检验、鉴定机构和检验、鉴定人不得出具虚假的检验、鉴定证明。

第二十八条　产区酿酒葡萄的采摘和加工、葡萄酒酿造、灌装以及运输过程中使用的各种工艺设备、器具、储罐、包装材料、产品标签，应当符合国家标准和相关法律、法规的规定。

第四章　专用标志和证明商标

第二十九条　自治区对产区的酿酒葡萄和葡萄酒实行产地保护。

在产区内种植酿酒葡萄、生产葡萄酒的企业和个人，应当申请使用贺兰山东麓葡萄酒地理标志保护产品专用标志、贺兰山东麓酿酒葡萄和葡萄酒地理标志证明商标。

使用产区酿酒葡萄做原料生产葡萄酒的，应当标注原料产地。

第三十条　申请使用专用标志的，由自治区质量监督管理部门向申请者颁发专用标志证书；申请使用证明商标的，经证明商标所有权人同意后，签订证明商标使用许可合同。

专用标志和证明商标的具体管理办法，由自治区人民政府制定。

第三十一条　取得专用标志、证明商标的企业和个人，有权在其种植、生产的产区酿酒葡萄和葡萄酒的标识、标签、说明书或者广告上使用专用标志和证明商标。

任何单位和个人不得伪造、转让、出租、出借或者买卖专用标志和证明商标，不得擅自改变专用标志和证明商标的表述方式、标识、字体、图案或者颜色。

第三十二条　取得专用标志和证明商标的企业和个人，应当按照专用标志证书和证明商标准用证中所列产品的品种使用，不得擅自扩大使用范围；确需增加使用专用标志和证明商标产品品种的，应当依法另行申报。

第三十三条　在产区外种植酿酒葡萄、生产葡萄酒，以及取得专用标志和证明商标的种植酿酒葡萄、生产葡萄酒的企业和个人，在产区外的分厂、联营厂和灌装厂种植的酿酒葡萄和生产的葡萄酒，不得使用专用标志和证明商标，不得标注贺兰山东麓葡萄或者贺兰山东麓葡萄酒产地。

第五章　法律责任

第三十四条　违反本条例第二十四条规定的，由县级以上人民政府相关部门按照各自职责，责令改正，没收违法种植的种苗，并处五千元以上五万元以下的罚款。

第三十五条　违反本条例第二十五条规定的，由县级以上人民政府相关部门按照各自职责，责令改正，没收违法所得和违法生产、经营的葡萄酒，并处违法生产、经营的货值金额百分之五十以上三倍以下的罚款。

第三十六条　违反本条例第二十九条第二款和第三款、第三十一条第二款、第三十二条、第三十三条规定的，由县级以上人民政府工商或者质量监督管理部门按照各自职责，责令改正，没收违法所得和违法经营的葡萄酒；违法经营的货值金额不足一万元的，并处五千元以上五万元以下的罚款；货值金额一万元以上的，并处货值金额五倍以上十倍以下的罚款。

第三十七条　当事人对行政处罚决定不服的，可以依法申请行政复议或者提起行政诉讼。

第三十八条　自治区人民政府葡萄产业主管部门和其他相关部门的工作人员违反本条例规定，玩忽职守、滥用职权、徇私舞弊的，由所在单位或者上级主管部门、监察机关责令改正；对直接负责的主管人员和其他直接责任人员依法给予处分；构成犯罪的，依法追究刑事责任。

第六章　附则

第三十九条　本条例自2013年2月1日起施行。

《宁夏贺兰山东麓葡萄酒产区列级酒庄评定管理办法》

第一条　为了保障宁夏贺兰山东麓葡萄酒产区葡萄酒质量和酒庄信誉，促进酒庄高标准、高质量发展，规范列级酒庄评定行为，参照国际惯例，结合自治区实际，制定本办法。

第二条　本办法所称列级酒庄是指经过葡萄酒专业评审组织评定，符合相关标准，在分级体系中达到相关等级的酒庄。
列级酒庄实行五级制，分别为一级酒庄、二级酒庄、三级酒庄、四级酒庄、五级酒庄。一级为最高级别。

第三条　列级酒庄每两年评定一次，实行逐级评定晋升，晋升到一级酒庄后，每10年参加一次评定。

第四条　列级酒庄评定工作遵循自愿申报、公平公正、分级评定的原则。

第五条　在宁夏贺兰山东麓葡萄酒产区内注册的酒庄，均可参加列级酒庄评定。

第六条　自治区葡萄产业发展主管部门指导列级酒庄评定工作，并对实施情况进行监督。

第七条　宁夏贺兰山东麓葡萄与葡萄酒国际联合会负责组织宁夏贺兰山东麓葡萄酒产区列级酒庄评分标准、评定细则的制定工作，并组建列级酒庄评定委员会，具体实施列级酒庄的评定工作。
评定委员会成员由葡萄酒酿造专家、品鉴和评论专家、行业协会代表、消费者代表等相关人员组成。
评定委员会人员在国内外葡萄酒行业随机选取，经本人同意后，由宁夏贺兰山东麓葡萄与葡萄酒国际联合会聘任，并于评定工作开始前1个月公示评定委员会人员名单。

第八条　参加列级酒庄评定的酒庄应当具备以下条件：
（一）位于宁夏贺兰山东麓葡萄酒产区内，葡萄种植与酒庄一体化经营，葡萄酒发酵、陈酿、灌装、瓶储等过程均在酒庄内完成。
（二）主体建筑具有特色和鲜明的地域特点，并有旅游休闲功能。
（三）酒庄环境、厂房及设施、设备和器具、卫生管理、人员管理符合国家葡萄酒质量及管理标准。

（四）酒庄酒原料全部来源于自有种植基地，且基地葡萄树龄在5年以上（含5年）。种植基地的基本信息按照相关规定在自治区葡萄产业发展主管部门登记存档，并能接受随机查验。

（五）葡萄园种植符合规范要求，园貌整齐美观。苗木符合相关标准，无检疫性病虫害及危害性病毒，缺株断带不超过10%。

（六）葡萄园种植单元按品种种植，单元内单品种纯度在90%以上。

（七）葡萄产量应控制在每亩500公斤至800公斤，葡萄产量及质量稳定，并具有可追溯性。

（八）肥料及农药的使用安全、规范，符合相关标准。

（九）酒庄酒品质稳定，典型性明显，有稳定的葡萄酒销售渠道及市场，在国内外有一定的品牌影响力，具有相关产品认证，抽检时质量合格。

（十）有稳定的种植、酿造和旅游接待、销售专业人才队伍。

第九条 宁夏贺兰山东麓葡萄与葡萄酒国际联合会组织评定委员会开展评定工作时，应当制订评定方案，并在评定工作开始前1个月向社会公示。

第十条 自愿参加评定的酒庄应当按要求提供相关资料，并填写参评申请表，报送至酒庄所在地葡萄与葡萄酒产业协会，按照本办法第八条规定的条件进行初审。通过初审的由初审机构统一将材料上报到宁夏贺兰山东麓葡萄与葡萄酒国际联合会，由其依照相关程序和标准组织评定委员会进行评定。

第十一条 评定委员会采取现场踏勘、资料审核、酒样品鉴、检验等方式进行评定，并委托质量技术监督部门和公证机构人员统一对酒庄酒进行抽样检验。

第十二条 酒庄及酒样经现场踏勘、检验合格后，评定委员会结合酒庄发展实际，依照《宁夏贺兰山东麓葡萄酒产区列级酒庄评分标准》的评定细则进行评分，并提出评定意见。评审结果经宁夏贺兰山东麓葡萄与葡萄酒国际联合会最终审定后，向社会公布。

第十三条 列级酒庄评定实行198分制，按照下列分值定级：
（一）总分188分至198分为一级酒庄。
（二）总分168分至187分为二级酒庄。
（三）总分158分至167分为三级酒庄。
（四）总分138分至157分为四级酒庄。
（五）总分118分至137分为五级酒庄。

第十四条 经审定公布的列级酒庄的证书、标牌由宁夏贺兰山东麓葡萄与葡萄酒国际联合会统一制作颁发。

第十五条 列级酒庄可以在其产品的包装、说明书、酒标及其宣传资料上正确标明等级。

第十六条　参加列级酒庄评定工作的人员，在评定工作中有徇私舞弊行为的，由宁夏贺兰山东麓葡萄与葡萄酒国际联合会取消其评定资格。

第十七条　列级酒庄有下列情形之一的，由宁夏贺兰山东麓葡萄与葡萄酒国际联合会撤销其列级酒庄称号，收回证书、标牌；有下列第（四）项或第（五）项情形的，10年内不得参与列级酒庄评定，处理结果要在媒体上公布。
（一）产品品质下降，无法达到列级酒庄质量标准的。
（二）没有严格按照本办法第八条规定的各项条件进行生产的。
（三）参评过程中有弄虚作假行为的。
（四）出现重大质量安全责任事故，社会影响较大的。
（五）帮助他人或参与制造假冒伪劣葡萄酒产品的。

第十八条　本办法自2016年3月1日起施行。《自治区人民政府办公厅关于印发〈宁夏贺兰山东麓葡萄酒产区列级酒庄评定管理暂行办法〉的通知》（宁政办发〔2013〕178号）同时废止。

宁夏国家葡萄及葡萄酒产业开放发展综合试验区建设总体方案

引言

习近平总书记十分关心宁夏葡萄及葡萄酒产业发展。2016年总书记视察宁夏时指出："中国葡萄酒市场潜力巨大。贺兰山东麓酿酒葡萄品质优良，宁夏葡萄酒很有市场潜力，综合开发酿酒葡萄产业，路子是对的，要坚持走下去"。2020年6月总书记赴银川考察调研，在贺兰山东麓葡萄园听取了宁夏关于葡萄及葡萄酒产业发展的汇报，再次指出："随着人民生活水平不断提高，葡萄酒产业大有前景。宁夏要把发展葡萄酒产业同加强黄河滩区治理、加强生态恢复结合起来，提高技术水平，增加文化内涵，加强宣传推介，打造自己的知名品牌，提高附加值和综合效益"。

为深入贯彻落实习近平总书记重要指示精神，落实党中央、国务院决策部署，农业农村部、工业和信息化部和宁夏回族自治区人民政府拟共同推动建设宁夏国家葡萄及葡萄酒产业开放发展综合试验区（以下简称综试区）。综试区立足宁夏贺兰山东麓全域，突出生态价值、重视酒旅文化、强化品牌贸易，探索三产融合新技术、新模式、新业态、新平台、新工程、新政策，努力打造引领宁夏乃至中国葡萄及葡萄酒产业对外开放、融合发展的平台和载体，也为我国西部地区特色产业深度开放、"一品一业"促进乡村振兴提供借鉴和样板。

为切实做好综试区设立和建设工作，特制定此方案。

第一章 总体要求

第一节 指导思想

以习近平新时代中国特色社会主义思想为指导，全面贯彻党的十九大和十九届二中、三中、四中、五中全会精神，深入落实习近平总书记视察宁夏重要指示精神，充分挖掘丝绸之路经济带重要节点区位优势、葡萄酒生产黄金带自然条件优势、宁夏内陆开放型经济试验区及中阿博览会等平台优势，坚持产业发展与生态治理紧密结合、国际标准与宁夏特色统筹兼顾、"引进来"与"走出去"双轮驱动，通过引进新技术、开创新模式、打造新业态、搭建新平台、实施新工程、创设新政策，把贺兰山东麓建成全国优质酿酒葡萄种植、繁育基地，产品远销共建"一带一路"国家的中高端酒庄酒生产基地，辐射全球的葡萄酒品牌交流、科技合作、文化传播、生态示范基地，打造中国葡萄酒全方位融入世界的窗口、农业特色产业深度开放发展的高地、"一品一业"促进乡村振兴的样板。

第二节　工作原则

1. 创新驱动，开放带动。以创新驱动发展，加快科技创新、成果转化与利用，引领行业发展。加大双向开放力度，推动优势产能国际合作，以开放促改革，激发中国葡萄酒产业发展内生动力。

2. 品牌引领，市场导向。加强品牌战略顶层设计，打造贺兰山东麓葡萄酒区域品牌和整体形象，精准谋划品牌定位，培育自主名牌。以市场为导向，推动葡萄酒标准建设和分等分级工作，加强品牌宣传推介，提升品牌溢价效应，以产区品牌和产品品牌开拓国内外市场。

3. 文贸并举，产业融合。坚持葡萄酒为主导，统筹葡萄种植、葡萄酒酿造、葡萄旅游及文化三者关系，优化产业结构，拓展产业发展内涵。深度融入风土人情、传统文化及旅游特色，全面推进葡萄与葡萄酒一二三产业融合发展，促进葡萄种植现代化、葡萄酒酿造新型化。

4. 绿色发展，生态协调。结合黄河生态涵养、贺兰山自然保护及立地优势，坚决遏制耕地"非农化"、防止"非粮化"，探索形成资源利用与环境治理、生态保护与经济发展相协调的综合开发生态产业经济圈，发展绿色有机葡萄酒业态，确保生态与产业可持续发展。

5. 试验先行，打造样板。在技术应用、合作模式、运行机制、政策创设等方面先行先试，推动产业集聚和高质量发展，形成一套可借鉴、可推广的西部特色产业开放发展经验模式。

第二章　建设目标

经过努力，把综试区打造成为黄河生态涵养的示范区、西部特色产业开放发展的引领区、文旅教体融合发展的体验区、"一带一路"合作对接的先行区，通过一系列新技术、新模式、新业态、新平台、新工程的试验示范，建设产品质量更高、核心竞争力更强、品牌影响力更广、产业融合度更深、对外开放力度更大、生态环境更好的现代化葡萄及葡萄酒产业聚集区，为全国提供通过一类产品、一个产业的开放开发促进生态环境平衡、区域经济繁荣的新模式、新样板。

力争到2025年，综试区酿酒葡萄种植基地规模和层次大幅提升，葡萄酒酿造水平和品质明显提高，现代化酒庄建设迈上新台阶，葡萄酒产业对外开放成效显著，国际化产区及品牌建设取得新突破，国内市场份额和出口量进一步扩大，生态平衡进一步优化，自有知名品牌效应进一步增强。产业链条科技贡献率达到70%，机械化普及率达到80%，贺兰山东麓酿酒葡萄基地总规模力争达到100万亩，年产葡萄酒3亿瓶以上，实现综合产值1000亿元左右。建立健全覆盖种植、酿造、销售全过程的质量安全追溯体系，推进葡萄酒产业与专业教育、文化旅游、康养休闲、生态富民等产业的全面融合，探索形成一批绿色生产、智慧化管控、利益联结的产业发展新模式，经济、社会、文化、生态效益进一步显现，农民群众在试验示范中得到实惠，获得感明显增强。

力争到2035年，贺兰山东麓酿酒葡萄基地总规模力争突破150万亩，年产葡萄酒6亿瓶以上，实现综合产值2000亿元左右。综试区在对外开放、创新融合、绿色生态方面均取得重要成果，现代葡萄与葡萄酒产业、生产、经营三大体系全面建成，一二三产业高度融合，宁夏葡萄与葡萄酒对外开放发展格局全面形成，生态可持续发展体系健全完善，区域经济发展协调统一，基本达到中国葡萄酒现代化发展阶段。

第三章　总体布局

第一节　实施范围

综试区涵盖贺兰山东麓葡萄酒国家地理标志产品保护区，并划分为核心区和辐射区。核心区规划面积108平方公里，包括2个片区：银川市永宁县闽宁片区94平方公里、贺兰县金山片区14平方公里。辐射区规划面积394.2平方公里，包括4个片区：银川市西夏区镇北堡片区144.74平方公里，吴忠市青铜峡市鸽子山片区176.09平方公里、红寺堡区肖家窑片区40.02平方公里、同心县罗山东麓片区33.35平方公里。综试区范围不在自然保护区等各类生态保护红线内。

第二节　功能划分

1. 核心区。引进投资建设、检验检测、咨询服务、人才引进、技术研发等方面的国内外企业机构，消化吸收国际先进经验、品种、技术、标准、制度和模式，着力打造中国葡萄与葡萄酒研发中心、酿造技术研究中心、品牌展示中心、物流配送中心、检验检测认证中心、智慧园区运营中心及产业总部经济中心，搭建科技研发、人才智库、集成创新和成果转化的高端平台，发展葡萄酒国际贸易、葡萄籽（皮）精深加工产业链、电子商务、文化旅游、现代物流等相关产业。

2. 辐射区。主要复制推广核心区先行先试的成果和成功经验，与核心区配套联动，重点在开放合作、产业融合、综合改革、绿色发展等方面协调推进，扩大示范效应影响。

（1）开放合作发展示范。围绕酿酒葡萄及葡萄酒产业，聚焦现代先进实用技术和生产模式，通过"引进来""走出去"，集中打造全链条、全循环、高质量、高效益的现代化葡萄酒产业示范基地，提高综合效益。

（2）产业融合发展示范。扩增壮大酿酒葡萄传统优势，发展葡萄酒产业"接二连三"，推进产业链相加、价值链相乘、供应链相通"三链重构"。构建产业链各环节有机衔接、各要素有效集聚集中、体制机制健全完善的现代葡萄酒产业体系，切实增加企业效益和农民收益。

（3）综合改革发展示范。发挥新型葡萄酒产业经营主体带动作用，推进新型农业经营主体融合发展，完善社会化服务体系，打造良好的综试区营商环境，培育和发展农业产业化联合体，在体制机制上取得新突破。

（4）绿色生态发展示范。优化国土空间布局，强化环境治理力度，利用葡萄酒产业对荒山戈壁和废弃矿坑的改造以及对城镇区生态环境的改良，建立以葡萄酒为核心的绿色、低碳、循环的产业体系，打造通过产业改善生态环境的示范样板。

第四章　主要任务

第一节　聚焦新技术，打造产业发展新标准

1. 优化酿酒葡萄品种。结合区域发展条件，以产品多样性和差异化为导向，加强抗寒、抗旱、耐盐碱、免埋土品种筛育，引导发展自主品种来源追溯及检验检疫。引进国内外高层次人才和先进育种技术、育种材料、关键设备，培育一批具有自主知识产权的新品种。

2. 研发和引进关键生产技术。利用国内外科技资源，搭建技术转移平台，建设数字葡萄基地，引进和创新智能酿造、节水灌溉、水肥一体、黄河泥沙资源利用、生态循环、智慧监管等关键技术，建立全程全面、高质生产装备示范区。提高葡萄机械适用性和装备自主化水平，推进产业技术装备精细化、智能化。

3. 加强科技创新和成果转化能力。加大行业科技投入，支持综试区建立葡萄酒国家级企业技术中心，建设集理论、实验、生产、研究为一体的中国葡萄酒产业科技研发及转化机构。加强与国际一流科研院所引智引技合作，引领产业转型升级和提质增效，促进葡萄酒产业科技自主创新和成果转化水平。

4. 突出标准引领。完善种植、酿造、深加工、包装、储运、生态保护等全产业链的技术标准。突出标准引领作用，创建国家葡萄酒全产业链标准化示范区。提升质量检验检测能力，建设国家级葡萄酒质量检验检测中心。支持酒庄（企业）建立检验检测实验室（中心），形成第三方检验与企业自检相结合的葡萄酒质量检验检测体系。

5. 探索生态治理新技术。依托贺兰山东麓戈壁荒滩酿酒葡萄种植带，建立防风固沙生态屏障。探索利用网状种植沟，打造"海绵"葡萄园，增加土壤蓄水能力，降低洪灾风险。鼓励利用填埋枝条培肥改良土壤或利用葡萄枝条作为生物质燃料，促进枝、叶等废弃物的资源化利用。推进废水、废渣的资源化利用，重构荒漠生态农业新产业。

第二节　开创新模式，构建高质量发展新格局

1. 产业发展与生态保护深度融合模式。按照"守好改善生态环境生命线、努力把宁夏建设成黄河流域生态保护和高质量发展的先行区"的战略部署，将综试区产业发展和生态融合统筹起来，结合《宁夏"十四五"黄河流域生态保护和高质量发展规划》，衔接落实区

域"三线一单"生态环境分区管控要求，做好综试区产业布局，实现产业生态化和生态产业化。

2. 本土人才国际化培养模式。立足中国风土及产业实际，融合传统酒文化，与法国高校开展葡萄酒领域合作办学，建立葡萄酒社会化教育、文化、艺术和设计的高端国际交流及培养平台。编制具有中国特色的葡萄酒文化推广课程，培养具有专业水平和国际视野的本土葡萄酒人才。

3. "特色酒庄+全球营销"模式。推进中国葡萄酒产区与世界主要葡萄酒产区的交流和融合，坚持中国特色、设计新颖、布局合理、功能完善的理念，建设风格各异、特色突出的酒庄。鼓励酒庄与国内外大型葡萄酒营销企业组建营销联合体，全面激活销售链，打造国际化物流体系和绿色通道。

4. 产品分等分级评价模式。对标世界主要葡萄酒国家（产区）产品分等分级体系，构建科学、严格、公正的宁夏产区葡萄酒产品评价分级模式和标准，率先建立适应国内消费者的品质评价体系，提升国产葡萄酒品牌吸引力和公信力。

第三节 打造新业态，培育产业竞争新优势

1. 加速"互联网+"改造创新发展。加大互联网、物联网、区块链等技术的应用力度，发展智慧型葡萄酒产业。培育智慧葡萄酒示范企业，建成多个智慧葡萄园、酒庄示范基地。培育建设各具特色的互联电子商务产业园区。

2. 坚持生态绿色经济优先发展。充分挖掘综试区生态优势，强化产业经济与生态的良性循环，坚持绿色发展理念，推动产业转型升级，发挥贺兰山东麓生态文明建设示范作用。结合贺兰山东麓生态景观，融合自然景观、旅游景区，形成葡萄酒产业区、生态区、旅游区空间融通、内涵延伸、功能互补的新格局。

3. 推动"葡萄酒+文旅"产业融合发展。充分利用宁夏葡萄酒旅游在国内外旅游市场的独特性、区位性、唯一性，整合贺兰山东麓现有的史前文化、农耕文化、西夏文化、黄河文化、移民文化的地域内涵，凝聚建设"文旅+"葡萄酒产业链，探索挖掘具有中国葡萄酒产业特色的文化符号，加快酒庄旅游线路产品创新、葡萄酒文旅产品提质升级、葡萄酒产业与康养产业融合，推动文旅产业与葡萄酒产业高质量融合发展。

第四节 搭建新平台，开拓国际合作新视野

1. 举办国际葡萄酒展览展会活动。整合优化现有展会资源，与国际葡萄与葡萄酒组织及全国性行业协会等机构合作，按规定举办国际葡萄酒展览展会活动。活动期间，组织葡萄酒"品酒""评酒""葡萄酒文化旅游"等活动，加大中国葡萄酒品牌宣传力度。

2. 组织召开葡萄酒相关论坛。按程序申请举办世界葡萄酒相关论坛，打造活动品牌，争取国际性葡萄与葡萄酒学术会议、专业论坛、国际性葡萄酒大赛等重大活动在综试区举办，着力提升专业化和国际化，提升中国葡萄酒话语权。

3. 打造跨境贸易电子商务平台。利用银川跨境电商综合试验区和跨境贸易电子商务试点城市优势，在银川综合保税区开展"保税备货"业务，充分利用现有政策，开展葡萄酒进出口跨境电子商务业务。

4. 建设国际葡萄酒交流中心。依托宁夏"中阿号"国际货运班列，银川至中亚、西亚等班列和航班开通形成的陆路大通道、空中大通道，对接引进共建"一带一路"国家葡萄酒，依托银川市综合保税区，继续推动国际葡萄酒交流中心及博览馆建设，汇聚世界葡萄酒产业发展和文化要素，形成中国本土葡萄酒文化地标。

第五节　实施新工程，开启全方位发展新路径

1. 优质苗木引进与繁育工程。以国际酿酒葡萄种植、繁育趋势以及葡萄酒需求结构变化为导向，以产区自然条件为基础，加快优良品种引进、选育及基地化种植推广。

2. 绿色有机标准化葡萄园创建工程。加快引进国际酿酒葡萄有机栽培技术，着重从高标准基地建设、品种更新、技术改良等方面入手，建设绿色有机标准化葡萄园。健全绿色有机葡萄园评选机制，发挥示范引领作用，引导产业向绿色有机转型发展。

3. 种植和酿造能力提升工程。瞄准国内酿酒葡萄种植需求，加大对先进适用的自动化埋土/出土、剪枝、采摘等专用农机装备的研发攻关力度。提升前处理、灌装等葡萄酒生产制造设备的自动化、数字化、智能化水平。加大对葡萄酒酵母、果胶酶等关键酿造辅料的研发投入力度，推动先进产品的应用。

4. 葡萄酒品牌总部基地建设工程。对接国际葡萄与葡萄酒组织，以及大型葡萄酒行业协会和重点企业，在闽宁镇建设总部基地，打造集商务办公、企业孵化、国际会议、金融服务、产品展示、休闲娱乐等功能于一体的现代化新型产城综合体。

5. 知名品牌培育工程。打造贺兰山东麓葡萄酒区域公共品牌，加强与国内外媒体的合作，用好新媒体，集中宣传推广，打造整体品牌形象；支持国内外电影电视拍摄团队拍摄贺兰山东麓葡萄酒作品，讲好中国葡萄酒产区故事。探索本土品牌成长激励机制，推动本土品牌发展成为世界知名品牌。

6. 贺兰山东麓生态保护工程。建立健全防护林长效保护机制。把综试区建设、葡萄酒产业发展与加强黄河滩区治理、加强荒漠化生态恢复结合起来，加大环保设施投入和科技研发投入，积极探索葡萄园生态补偿模式和机制，加强污染物源头管控，构建绿色循环的生态环境体系。

第五章 政策支持

（一）加强与国际葡萄与葡萄酒组织沟通交流和合作，探索在综试区内借鉴适用相关政策措施和标准。

（二）在加强事中事后监管、确保食品安全的前提下，着力优化综试区内葡萄酒生产许可服务，鼓励第三方平台为生产企业提供专业化服务，促进分工协作和资源合理配置。

（三）对综试区内申办普及型国外引种试种苗圃资格认定的申请事项开辟绿色通道、加快办理，在有效防范外来物种入侵前提下，为引进世界优新酿酒葡萄品种提供支持。

（四）综试区内鼓励结合行业经营特点，创新金融服务方式。在规范专业评估机制的前提下，按照风险可控原则，积极稳妥推广农村承包土地的经营权抵押贷款业务，创新适应葡萄及葡萄酒产业需求的金融产品。强化配套机制建设，建立相关不动产权利、酒庄产权抵质押资产处置机制，并纳入自然资源资产交易平台。

（五）建立新型融资租赁、股权投资服务平台，支持综试区内依法合规成立融资租赁公司，促进市场主体开展投融资创新。

（六）宁夏农业信贷担保有限责任公司将符合条件的葡萄种植及种植相关的二三产业融合项目纳入信贷担保服务范围。

（七）将符合条件的免税进口科学仪器设备纳入国家网络管理平台统一管理，将有关研发单位、实验室等纳入到平台用户中，提高集约化使用效率和科技研发水平。

（八）依托现有单位，按程序申报建设国家葡萄酒质量检验检测中心，承担葡萄酒质量的监督抽查、统检、新产品鉴定检验、质量纠纷仲裁检验任务，开展葡萄酒检验技术、检验方法研究及技术服务等。

第六章 组织实施

第一节 组织领导

1. 加强领导，建立工作机制。由农业农村部、工业和信息化部和宁夏回族自治区人民政府牵头成立综试区工作机制，机制办公室设在宁夏贺兰山东麓葡萄产业园区管委会，组织开展综试区开发建设规划编制、环评及有关落实工作，统筹推进综试区建设。

2. 统一思想，做好沟通协调。农业对外合作部际联席会议制度成员及相关部门加大支持力度，将建设目标任务和项目纳入"十四五"及中长期规划，发挥财政、发展改革、海关、金融等多方力量，协同推进综试区相关工作。

3. 明确分工，保障任务落实。统筹研究、重点突破、及时解决综试区建设过程中出现的问题，制定具体推进方案和配套政策，做好方案的落实、跟踪和评估。

第二节 监督指导

按照分级负责原则,加强指导与监督,及时掌握工作进展,适时开展重大项目跟踪监测,建立动态化及滚动管理机制,确保综试区建设顺利推进。

第三节 总结评估

建立定期交流和成果共享机制,对重点建设项目执行及推进情况进行总结和评估。对于试点效果好且可复制、可推广的成果,及时总结上报。

后记
Postscript

写在后面

为什么编写一本宁夏酒庄指南？这个问题从《读醉·宁夏酒庄指南（2018—2019）》出版发行就一直有人问我。其实，编写酒庄指南的初衷很简单，我觉得宁夏贺兰山东麓葡萄酒产区发展历程需要被记录下来，让更多葡萄酒爱好者、消费者对宁夏贺兰山东麓产区、酒庄有个全面的了解，也让世界了解这个新兴产区背后的故事。

很多人很好奇一个名不见经传的内陆省份地区，葡萄酒产业为什么会在近十年时间里发展崛起？宁夏近代葡萄酒产业发展的起步时间并不算晚，而真正让产区发展崛起却离不开三个硬条件。第一就是习近平总书记提出的文化复兴和文化自信，没有这个天时，中国市场和消费者不会在接收国际葡萄酒文化洗礼下，这么快接受中国葡萄酒，并在全国兴起葡萄酒新国潮。第二是宁夏历届党委政府行政长官都大力推动葡萄酒产业发展，从法律法规，制度条例上都为贺兰山东麓产区的发展提供了加速和助力，特别是郝林海先生，在担任宁夏政府副主席期间，主持宁夏葡萄酒产业相关工作，制定了一系列促进和保障宁夏贺兰山东麓葡萄酒产区稳健发展的制度和办法，这是近十年宁夏贺兰山东麓产区发展崛起的地利。第三便是人和，贺兰山东麓产区一大部分酒庄都是宁夏本土企业家投资建设的，这些企业家一部分还是煤炭、石油、房地产行业老板（曾被称为"三板人才"），他们在响应党委政府发展葡萄酒产业政策时，义无反顾地投身进入葡萄酒行业，成就了今天宁夏贺兰山东麓产区228家葡萄酒企业（建成116家酒庄），占中国酒庄的三分之一，同时也吸引和带动了国际、国内的企业的目光和投资热情。当你阅读《读醉·宁夏酒庄指南》时，如果能真

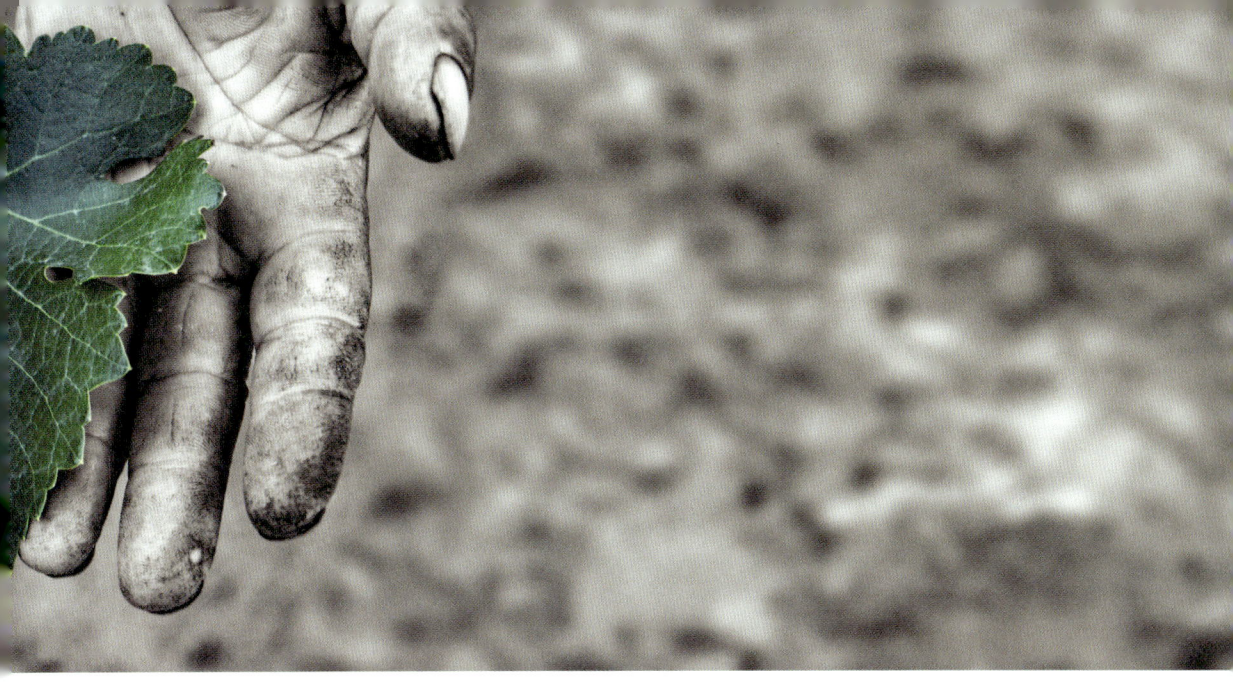

切感受到酒庄庄主们的心路历程，自然也就明白贺兰山东麓产区为什么会在近十年里发展和崛起，葡萄酒世界为什么会从这里认识了中国葡萄酒。

2022年，读醉品牌创办九年，新《读醉·宁夏酒庄指南》正式出版发行。读醉团队在宁夏贺兰山东麓产区行走了九年，用双脚丈量，用文字记录，发现产区和酒庄背后的动人故事。一路走来，肯定、热情、感动、希望、坚守、真诚和质疑都成为我们继续行走的动力。贺兰山东麓产区的风土造就了宁夏的葡萄美酒，勤奋和努力的葡萄酒人让这片贫瘠的土地充满了力量，让我们相信读醉所有的坚持都是有价值且有意义的，我们愿意把这力量分享出去，让更多的人听到来自宁夏贺兰山东麓产区、来自中国葡萄酒的声音！

真挚感谢宁夏贺兰山东麓葡萄酒产业园区管理委员会，宁夏贺兰山东麓葡萄与葡萄酒联合会，感谢宁夏大学食品与葡萄酒学院，宁夏大学农学院，宁夏气象科学研究所及宁夏贺兰山东麓产区各个酒庄的大力支持和帮助。感谢一起为读醉梦想赞助过的幕后英雄，感谢读醉团队的所有伙伴，很荣幸能够和你们一起携手同行，一起做一件有意义的事情，一切美好都值得期待！让我们记住这些酒庄和葡萄园最美的样子，祝愿宁夏贺兰山东麓葡萄酒产区越来越好，期待更多精彩发生，干杯！

伊国涛

于宁夏贺兰山东麓

图书在版编目（CIP）数据

读醉：宁夏酒庄指南 / 伊国涛主编. —北京：中国轻工业出版社，2023.8

ISBN 978-7-5184-4091-7

Ⅰ.①读… Ⅱ.①伊… Ⅲ.①葡萄酒—酿酒工业—宁夏—指南 Ⅳ.①F426.82-62

中国版本图书馆CIP数据核字（2022）第143495号

责任编辑：钟　雨
策划编辑：伊双双　　责任终审：劳国强　　封面设计：戴昕芯　胡智健
责任校对：晋　洁　　责任监印：张　可　　版式设计：胡智健　邢　斌　锋尚设计

出版发行：中国轻工业出版社（北京东长安街6号，邮编：100740）

印　　刷：鸿博昊天科技有限公司

经　　销：各地新华书店

版　　次：2023年8月第1版第2次印刷

开　　本：787×1092　1/16　印张：19.5

字　　数：350千字

书　　号：ISBN 978-7-5184-4091-7　定价：199.00元

邮购电话：010-65241695

发行电话：010-85119835　传真：85113293

网　　址：http://www.chlip.com.cn

Email：club@chlip.com.cn

如发现图书残缺请与我社邮购联系调换

231145S1C102ZBW

果香的守护者

保证无木塞味
和其他感官偏差

完全把握透氧性
适合各种葡萄酒

每批产品都均匀一致
每一瓶酒
瓶储效果完全相同

一项革命性的技术
DIAMANT®超临界二氧化碳
处理技术，消除软木异味的独家工艺

尊重大自然所赐
DIAMANT®的原材料
乃是软木的精华，
是一种可再生、可持续的材料

对果香的完美保存

DIAM | EvoPack
烟台欧汇包装
www.diam-cork.com | www.evopack.cn

烟台欧汇包装材料有限公司
网址：http://www.evopack.cn
电话：0535-2131552

烟台意隆包装有限公司
Yantai Yilong Packaging Co.,Ltd.

烟台意隆包装有限公司是一家专业生产软木塞的生产企业。公司借助意大利克隆宾软木集团百年历史经验和不断创新的技术研究与应用。自1991年以来就已经为中国葡萄酒厂提供产品。选用干净的栓皮栎树的树皮作为原料，具有ART专利技术去除TCA工艺，让TCA成为历史。为酒厂提供优质、干净、无TCA污染的软木塞，为高端葡萄酒保驾护航。

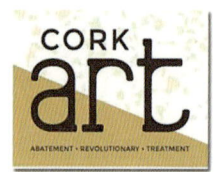 

1. 预先消毒处理（PRESTERIL），彻底清洁软木塞，避免氧化物残留。
2. C3木塞表面处理工艺，提高软木塞的密封性和抗渗性，避免木塞掉渣、漏酒。
3. ART专利技术去除TCA工艺，避免TCA污染。

ST10
天然软木塞

ST2
1+1软木塞

ECO16
生态填充塞

COLSPARK
香槟酒塞

FLEX
合成塞

T型塞

网址：yilongwp.com   电话：0535-6819896

地址：山东省烟台市芝罘区科技工业园华埠工业区13号